미처
다
하지
못한
-

나는 최전방 비무장지대 앞에서 그의 노래를 목 놓아 부르다가 내 음치를 못 견딘 고참에게 얻어맞아서 갈비뼈를 다친 적이 있다. 옆구리를 움켜쥔 채 울먹이고 있는 내게 그는 딱 이렇게 말하였다. 얌마, 영혼 없이 김광석의 노래를 부르지 마라.
나는 스물일곱 봄이 되던 해에 김광석을 처음 만났다. 마침 그날은 세상의 모든 꽃들이 피었거나 저문 날이었다. 나는 솜사탕 기계 앞에 선 소년처럼 설레었는데, 그것은 마치 교회에 처음 간 날 우연히 옆자리에 짝사랑 소녀가 앉아 있는 것과 같은 감격이거나 비현실이었다. 그날 그는 내게 아주 고요한 음성으로 어떤 노래를 들려주었다. 너무 아픈 사랑은 사랑이 아니었음을……
나는 때로 흔해빠진 슬픔과 상실에 무너져 심상에 남아 있는 몇 줄의 고통을 내밀었으나, 어떤 사람은 그 고통을 그의 영혼과 가슴에 끌어안아 세상의 모든 상처 받은 목숨들에게 처절한 구원의 음성으로 되돌려주었다. 사람들은 그를 가객이라고 불렀고, 나는 그를 영원히 김광석이라고 부른다. 나는 아직도 그가 내민 잔에 푸르른 눈물 한 방울을 돌려주지 못하였다. 그는 너무나도 재빨리 이 술자리를 뒤로한 채 집으로 가버린 것이었다. 아아, 광석이 형. 시바.

━━━━━━━━━━━━━━━━▶ **류근**(시인, 〈너무 아픈 사랑은 사랑이 아니었음을〉 작사가)

광석이 형이 쓴 일기장을 가만 보고 있자니 형이 글을 쓰고 싶어 했던 것 같다는 생각을 이제 한다. 사춘기 시절부터 꽤 많은 노트들을 채웠던 것만 봐도 알 수 있다. 그의 글씨는 부끄러움을 타서 때론 붉다. 뚝뚝 끊어지면서 살살 이어지는 문장이 형의 굵고 저음인 목소리를 닮았다는 생각을 하면서 소주병을 땄다. 깊은 밤, 형은 자주 노트 앞에 앉은 모양이다. 아무 말이기도 했으며 고백이기도 했겠으며 눈물이기도 했을 것이다.
마음이 여린 사람은 여린 사람의 그것을 잘 알아본다. 그것이 우리 둘을 가깝게 만든 것 같다. 이 책을 통해 그의 안쪽을 들여다보는 일이 가슴 뛴다. 많은 사람들은 모르지만 형은 늘 타인과 있을 때는 누구보다도 밝은 사람이었다. 나는 단 한 번도 웃음기를 거둔 그의 얼굴을 본 적이 없다. 그것으로 주변의 많은 사람들은 힘을 얻었다.
그를 그리워하다가 그를 만나 술 한잔 하고 싶은 우리들은 그가 나타날지도 모를 술집에서 여전히 그를 기다리며 견딜 것이다. 그리고 그는 여전히 참 자상한 사람으로 불쑥 우리 앞에 나타나 토닥이며 우리 이야기를 들어줄 것이다. 그것이 김광석이 남겨 놓은 우리 시대의 판타지다.

━━━━━━━━━━━━━━━━▶ **이병률**(시인, 《끌림》 저자)

미처
다
하지
못한

-

**김광석
에세이**

-

김광석 글

-

이 책은 故 김광석이
세상을 떠나기 전까지
여러 시간에 흩어져 남긴 일기,
수첩 메모, 편지, 노랫말 등을 모은 것입니다.
저작권자인 유가족과 동의하여
그의 숨결이 최대한
손상되지 않는 범위 내에서
글의 성격에 따라 재구성하였습니다.

위즈덤하우스

차례

서序 ──────────────── 008

01 ─ 겨울은 봄의 어제, 봄은 겨울의 꿈 _ 혼자 부르는 노래

바람의 눈물 013 / 다짐 015 / 病 016 / 눈 019 / 겨울 생각 020 / 달팽이 022 / 마음은 늘 멀다 024 / 세상에 밤뿐이라도 나는 사랑을 택할 것이다 025 / 흐린 마음 027 / 제자리 028 / 희망의 바보 030 / 꿈이 꿈들에게 032 / 오늘 034 / 창밖으로 본 거리 036 / 門 037 / 오후, 싱거운 눈이 내리고 039 / 늙지 않는 시인 040 / 깃털 041 / 이방인 043 / 불면 1 045 / 안개 방향 049 / 지워진 입 051 / 우리는 만난 적이 없다 052 / 연기 053 / 너만 없는 밤 054 / 등은 홀로 빛나고 055 / 고도를 기다리며 057 / 눈썹에 새기다 058 / 깊이 060 / 불면 2 061 / 열병의 끝 062 / 익숙한 것과의 결별 063 / 초록 황무지 065 / 인생은 수영장 068

02 ─ 악보에는 마침표가 없다 _ 거리에서 부르는 노래

다시 부르는 노래 075 / 오선지에 쓴 나의 이력서 1_골방에서 세상에 눈뜨다 076 / 오선지에 쓴 나의 이력서 2_동물원 앞 네거리 084 / 젊음의 특권 094 / 슬픈 노래 095 / 이 노래를 부르는 까닭 099 / 부초 109 / 빈집 110 / 아내에게 111 / 함정 113 / 기억의 눈 114 / 비상구 115 / 심연 117 / 조화 119 / 산다는 건 120 / 내가 별로인 날 122 / 어쩌란 말입니까 124 / 결혼 2주년 125 / 딸을 직접 받아내며 126 / 사랑의 꼭짓점 128 / 인간 풍경 129 / 나는 천천히 흐를 것이다 134 / 마음이 허전한 날 136 / 해의 방향으로 달리다 137 / 틈 138 / 사랑이라 쓰면서 140 / 한 해를 보내고 142 / 여행 일기_뉴욕에선 누구나 혼자가 된다 143 / 문화의 저력 150 / 서른들의 나의 현실 151 / 마흔이 되면 152 / 와인 잔을 깨고 튀어 오르는 붕어 155 / 그대, 함께 가자 158

03 — 꽃이 지네 눈물같이 _ 미처 부르지 못한 노래

부르지 못한 다섯 번째 노래들 163 / 사랑하기 위하여 165 / 무제 1 167 / 무제 2 169 / 밤길을 걸으면 170 / 무제 3 171 / 무제 4 172 / 무제 5 173 / 마음을 모두 비워도 보이는 건 175 / 무제 6 176 / 지금은 178 / 무제 7 180 / 날 사랑했다면 181 / 무제 8 183 / 흐린 가을 185 / 무제 10 186 / 무제 11 187 / 내 꿈 188 / 사랑일기 189 / 마음의 이야기 190 / 무제 12 191 / 무제 13 192 / FM은 내 친구 193 / 밤이 내리면 194 / 무제 14 196 / 나무 197 / 비의 향기 198 / 무제 15 199 / 무제 16 200 / 무제 17 201 / 무제 18 202 / 무제 19 204 / 무제 20 205 / 무제 21 206 / 무제 22 208 / 무제 23 209 / 사랑은 210 / 비오는 거리 212 / 작은 등 213 / 어느 노을 진 강가에 214 / 무제 24 215 / 저 먼 곳에는 216 / 무제 25 217 / 무제 26 219 / 무제 27 220 / 무제 28 221 / 실 222 / 무제 29 ??4 / 무제 30 225 / 무제 31 227 / 사랑해요 228 / 너 229 / 무제 32 232 / 드라이플라워 234 / 모두가 235 / 무제 33 236 / 한때는 나도 237 / 하늘만 쳐다보며 238

에필로그 ——————————————————— 240

부록 — 다시 부르는 김광석

광석이네 카페 244 / 하얀 크리스마스 245 / 마음속의 무지개 246 / 비오는 거리 247 / 신속배달 248 / 다시 돌아온 그대 249

서序

아무것도 하지 않은 날,
붉게 물들어 내일을 기약하는 저녁노을은 그저 아쉬움입니다.
익숙함으로 쉽게 인정해버린 일상의 자잘한 부분까지
다시 뒤집어보고
내 걸어온 길들의 부끄러움을 생각합니다.
쉽지만은 않았던 나날들,
내 뒷모습을 말없이 사랑의 마음으로 바라보던 고마운 사람들을
하나하나 떠올리며 더 열심히 살아야지 다짐합니다.
노래를 부르며 생각했던 세상살이가
지금의 내 모습이 아님을 깨닫고 부대끼는 가슴이 아립니다.

읽다 만 책을 다시 읽으면서 느끼게 되는 내 기억력의 한계를 느끼듯
불러왔던 노래들을 다시 부르며 노래의 참뜻을 생각하니
또 한 번 부끄럽습니다.
지난 하루의 반성과 내일을 기약하며 쓰는 일기처럼
되돌아보고 다시 일어나 가야 할 길을 미련 없이 가고 싶었습니다.
세수를 하다 말고 문득 바라본 거울 속의 내가 낯설어진 아침,
부르고 또 불러도 아쉬운 노래들을 다시 불러봅니다.
이제 다시 시작이다, 젊은 날의 꿈이여. _01.03/02.01

01
-
겨울은
봄의 어제,

봄은
겨울의 꿈

-

혼자
부르는
노래

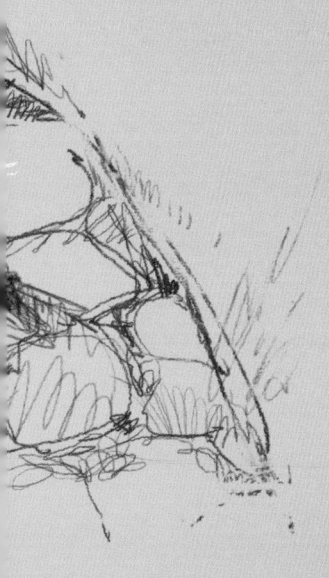

> 마음속 아픔들이 흔들려
> 눈앞이 아른거리면
> 보이지 않는 세상
> 보이지 않는 사람들의
> 소리를 들어봐.

바람의 눈물

-

바람이 분다.
마치 네 향기가 모두 사라져버린 후, 습기 먹은 내 방의 눅눅한 냄새가 더욱 확연히 느껴지듯.
봄의 신선한 바람이기보다는 먼지투성이의 누런 바람, 황색의 바람.
맑지 못한 내 눈자위에 애써 눈물 흘려 맑게 해보려 하지만 눈물이 흐르지 않는다.
그저 부는 바람에 얼굴을 맡긴 채 찡그릴 뿐.

바람아 불어라.
그래!
살아야지.
너에게 조금이라도 부담스런 존재이고 싶지 않아 많이 참으며 다짐한다.
네 삶의 끝자리를 지키고 싶다고……. 밤새 술을 마시며 열심히 웃었다. 애써 웃는 웃음이 주위를 어색하게 만들어 일어섰다. 아무도 다니지 않는 깊은 밤거리는 정녕 겨울밤. 별 하나 보이지 않는 하늘을 보며 내 볼에 반짝이는 눈물이 시원했다.

눈물, 너 참 오랜만이다.
1985년 11월 1일 이후로 이렇게 눈물의 시원함을 느낀 건 처음이다.
눈물 속에 담겨진 내 잘못된 사랑과 내 욕심과 헛된 바람들이 겨울 밤 사이로 흐르고, 세제 속에 뒤엉켜 비틀리고 흔들리고 난 후에 새 하얀 모습으로 다시 태어나는 내의처럼 내 마음이 깨끗해졌다.

너의 육체와 영혼 그 모든 것을 있는 그대로 인정하고 받아들일 수 있도록, 내 마음속에 열려진 빈방을 느끼며 흡족해할 수 있었다.
_04.26

다짐
-

너무도 오랫동안 그저 모든 것을 보고만 있었나 보다.
창 너머 아침을 기다리던 늦은 겨울 졸리운 햇살도
내 옆에 지쳐 누운 사랑하는 아내도 그저 보고만 있었다.
섣달그믐 밤 아쉬움인지 새봄을 맞는 기쁨인지
하늘은 조심스레 비를 뿌렸다.
스물아홉. 열 손가락을 모두 오므렸다 폈다 다시 오므려야 할
내 나이가 조금 한심스러운 밤.
어렴풋이 삶을 생각해보며 일어서려 한다.
나태하고 태만한 몸짓을 뒤로한 채
나만의 꿈이 아닌
조그맣고 소박한 가정이라는 꿈을 꾸기 위해
손을 내밀려고 한다.
그저 보고 머리로만 생각하는 것을 버리려 한다. _1991.02.15

病
-

그는 수없이 간다 했다.
마치 철새의 긴 여행길 중에 잠시 머무르는 곳처럼.
그는 그저 수없이 간다 했다.

아프다.

그의 눈
그의 볼
그의 미소

아프다.

사랑하여 아픈 마음

아프다.

조용한 정적 위에 울리는 전화벨 소리처럼 놀라게

아프다.

오히려 홀가분하다.
마주하는 시간보다 홀로인 시선이 솔직하여
기다림에서 해방된 시간
기대하지 않으니 안타까울 것도 없는 것

눈
-

겨울의 느낌은 무엇보다 눈인 것 같다.
세상의 모든 잡다한 모습들이 흰 눈으로 덮인다.
쌀쌀한 느낌도 더할 나위 없지만,
아이들의 땀띠를 막아주는 흰 아기 분粉처럼
어른들의 마음속에 돋아 있을 것 같은 티끌을 정갈하게 만들어주는 듯하다.
날씨도 느끼지 못하며 살아온 올 한 해
바쁘다 못해 정신 차릴 수 없던 하루하루가 스친다.
겨울이 익어갈 무렵 문득 다가온 내 삶의 허무.
허무의 무게가 이토록 무거울 줄이야.
내 삶의 유인誘因이 무엇이더냐,
끊임없는 고리로 연결된 감정과 사람들.
죽기 전에 풀리지 않을 것들. _12.12

겨울 생각

-

무감각
익숙함

창틈으로 새어드는 찬바람에 흰 겨울이 다가왔다는 걸 나는 느꼈다.
무척이나 오랫동안 가만히 앉아 먼지가 쌓이고 기울어진
낡은 책꽂이를 바라봤다.

무지하여 눈감아버린 파란 하늘
보름이라 환한 골목, 썩은 냄새, 버려진 휴지
앙상한 마른 나뭇가지에 힘겹게 매달린 겨울 햇살

건조한 바람이 코끝에 닿으니, 목욕탕 수증기가 그리워졌다.

난 뭘까?

바늘 같은 바람이라 더욱 움츠리고
움츠릴수록 외로워지는 겨울

라면과 소주, 쓸쓸한 뒷모습, 흙먼지
신촌 포장마차, 고춧가루 뿌린 우동 가락
깡마른 친구의 김 서린 안경 너머로 세상은 맑게 빛날까?

난 뭘까?

음식을 돈 주고 사먹으며 온갖 병명病名을
기억해야 하는 나는 뭘까?

창틈으로 새어드는 찬바람이
자꾸 나를 움츠리게 해.
자꾸 나를 눈 감게 해.
자꾸 나를 잠들게 해.

그저 자기 앞만 보고 걸어가다 보면
자신의 구두 끝만 바라보고 걷다 보면
수없이 부딪히는 사람들이 미워진다.

달팽이
-

어두워지는 하늘을 보며 오늘 또 하루는 스쳐 지나가고
어제의 다짐, 모든 꿈들을 다시 또 새기며 애써 돌아보네.

인간은 늘 기대했다 후회하면서 살아가지.
지나는 사람 사람들마다 자신의 하루를 애써 돌아보며
쳇바퀴 돌 듯 똑같은 날에 길어진 그림자 고개를 들지 않고
풀리지 않는 실타래처럼 뒤엉킨 생활은 돌이킬 수 없네.
많고 많은 사람들의 문제, 그 모두가
자신의 눈, 자신의 마음, 자신의 행동에 달려 있는 걸.
좀 편하게 살기 위해 저리도 괴로울까.

떠남이 있어야 다다를 목적지도 있는 것이다.

흰 눈이 흩날리는 도시의 새벽
또 누군가 짐들을 꾸리고 어디론가 떠나고 있겠지.
떠남이 있음에 도착할 어떤 곳이 있겠지.
지금의 자리에서 다른 자리로 옮겨갈 때
무엇이든 새로이 시작할 때

우리들은 새로이 짐을 꾸리고 지금의 자리에서 떠나야 하지.
지금의 모든 것들을 버리고
지금의 모든 것들을 부정함으로
새로운 목적지, 새로운 생활을 찾을 수 있겠지.
좀 더 편하게 살기 위해.

마음은 늘 멀다

—

누구나 떠나는 모습은 사람들을 아쉽게 만든다. 돌아선 사람의 그림자가 드리운 자리에 스산한 바람이 분다. 손을 잡고 따스한 온기를 느끼며 서로가 소중히 부여안은 지난 시간들을 떠올린다.

그저 아쉬움에 가슴이 답답해져 온다. 가깝지 않은 곳에 먼 곳이 있을 줄이야. 마음속은 늘 멀다. 그대의 마음속 호수가 보고 싶다. 칼날 같은 바람에 얼굴을 맡기고 시린 귀를 부여잡고 휘파람이라도 불었으면……. 그의 생각, 그의 속내를 알 필요 없다. 그저 난 아쉬울 뿐이다. 우리가 함께하는 상황에 대해 구구절절 이야기하지 않아도 모두 알 수 있는 것. 사랑이 그리 쉽지 않은 것 아니더냐. 꿈꾸고 싶을 뿐, 꿈을 꾸고 있을 뿐, 내 꿈의 한 자락이라도 애써 보이려 할 필요 없다. 나의 만족한 꿈을 위해. _12.14

세상에 밤뿐이라도
나는 사랑을 택할 것이다
-

일반적 사랑의 결론은?
스스로 선택한 사랑의 방법이 어렵더라도, 그 누군가 만든 기준에 의해 우리 사랑의 방법을 평가할 것인가? 가장 솔직해야 할 사랑에 대해 우리는 무엇을 기준으로 힘들어하는가. 사랑함, 주저함이 없는 것, 사랑함에 떳떳할 수 있는 것, 굳이 드러내지 않아도 사랑하는 것을. 마음의 평안이나 그저 안일한 평화가 주는 심심함보다, 가슴이 파이고 흐느끼는 밤이 있더라도 사랑하는 쪽을 택하리라. 적어도 내 자신에게만은 부끄럽지 않은 솔직한 사랑을 위해 요구하지 않으며, 내 스스로 사랑함을 그 누가 모르겠는가. _12.17

내 가는 이 길
험난하여도
그대로 인하여
힘을 얻었소.

흐린 마음
-

가끔씩 우리의 미래가 너무나 불투명하게 느껴진다.
도대체 지금 우리는 무엇을 하고 있는 것인가,
무엇을 하려는 것인가.
사랑이라 말하지만 사랑이 뭔지도 모르는 채 살고 있는 거지.
남지 않을 그 무엇이어도 좋다.
우리는 미워하며 사랑을 배우는가.

제자리

-

사람들은 기대한다. 주관적 기대. 하지만 난, 늘 그 자리인걸. 별로 특별한 게 없는 거야.
뭘 바랄까 고민하기 전에 내가 고민하는 것에 충실함이 중요하다.
나더러 뭔가 하길 바라는지 알고 있다. 하지만 난 그저 그 자리일 뿐.
별로 특별하지 않은 내 모습.

누구든 행동 속에 마음이 담겨 있는 것이다.
말이 필요 없는 것이다.
스스로의 행동을 다스릴 수 있어야 한다.
의도하지 않은 것은 없다.
술 취해 했을지언정 폭력과 폭언은 용서받을 수 없다.
내게 무엇을 주려 하는가.
내가 뭘 바라보며 살려 하는가.
친구들, 맘 열린 친구들이 그립다.
왜 이렇게 예민한가, 김광석.

어떤 사람에게든 스스로의 목적의식目的意識을 심어주어야 한다.
그저 한가롭게 웃으며 시시덕거리는 것도 예의와 상황이 있는 것.
분명하지 않은 것은 움직이지 말 것.
마음속의 조급함으로 힘들어진다.

희망의 바보

-

참 오랜만이다, 너의 향기로움.
사람을 진력나게 한다는 것.
난 왜 이리 조바심일까.
희망. 희망. 희망.

규칙적인 삶? 답답하다.
규칙적인 사랑? 그런 게 있을까.
왜 법칙도 규정도 룰도 없는 게임에
사랑을 규격화하려 하는가.
사랑이 뭐 대량 생산이더냐?
공장, 그 멋없음의 극치.
사랑을 그렇게 만들고 싶어 하는
나는 바보다.
왜? 그 두 눈의 동그래짐과 입술의
움직임을 동반하는, 바로 그 왜?
나는 바보다.
어휴.
지겹도록 떳떳하다.

미치도록 떳떳하다. _12.29

꿈이 꿈들에게

—

말을 하며 말로써 위로받지 말자.
말을 하며 자신의 뜻을 말하며 자위하지 말자.
행동 없는 텅 빈 두 눈은 심지가 없잖은가.

허무한가?
안일한가?
뜻이 좋다면 그 뜻을 펼치기 위해 일어서야 하는 것.
괜한 겉멋 허세는 부리지 말게.
눈에 보이는 것들이 모두 진실은 아니잖은가.
묻고 대답하는 가운데 그만 지쳐버린 까닭은
나도 어쩔 수 없는 이 세상의 구성원이기 때문인가.
대답하기 전에 행동하여야 함을.

쉬운 듯 나도 그들처럼, 살 수 있다 믿었다.
큰 고기 큰 물, 그 말처럼 서울 서울로 왔다.

세계는 서울로 서울은 세계로, 그렇게 말하는데
나는 어디에서 어디로 가야 하는지

가난에서 부유로 가려 애써보지만
밤새워 일해도 살찌는 이들만 더욱 살찌는걸.

왜 그런지 모르지만 자존심 상해.
애써 웃으며 말하지.
난 알아요, 사람이 떠나는 걸.
난 알아요, 꿈들이 떠나는 걸.

뭐 그런 걸 가지고 시시콜콜 얘기하느냐고 하지만
당해보지 않은 사람은 그 심정을 모를 거야.

환경, 사는 땅, 숨 쉬는 공기
그들이 살 수 있도록
깊게 호흡하기 위하여. _09.01

오늘
-

기대
욕심
바람이 간절하여도 채워지지 않음에
실망하는가.
확실한 모습을 꿈꿀 수 없어
상심하는가.
또 묻는다.
선택함에 주저함 없었듯이
지금에 충실할 수 있는가. _1993.01.01

창밖으로 본 거리
-

반나절을 멍청히 창밖만 바라보다 왔다.
무엇이 무엇이며, 저것이 무엇이냐 하는 질문도 대답도 없었으며 그저 창밖만 바라보고 있었을 뿐이다. 마치 뇌사 상태의 육신이 죽지 않았음에도 죽은 육신인 것처럼 그저 창밖만 반나절 동안 바라보았다. 반나절을 그렇게 앉아서 애꿎은 담배만 태우다 왔다.

솔직하게 살고 싶은가.
주위의 시선에 주저하는 내 모습에 실망하는가.

생각도 안 했다. 생각도 어디에서부터 해야 할지를 몰라서 못했다. 그렇다, 솔직한 표현으로 생각을 하지 못했다. 무엇으로 인한 것인지, 이것이 문제인지 알 수가 없어서, 알지를 못해서 못하였다.

창밖만 바라보았다.
반나절 동안 창밖만 바라보았다.
그곳에 너 또한 없었고
나 또한 없었다.
그저 무성한 빌딩들만 창밖을 지키고 있었다. _1993.01.04

門

—

참 쉽지 않은 만남이다. 익숙해졌기 때문이다. 나눌 대화나 함께할 관심사가 없어서 지루해하며 답답해하는 것. 당분간 잊고 살련다.
사람이 사람을 질리게 하는 것만큼 징그러운 것이 있을까?
싫증난다는 말은, 아니 느낌은 별 새로움이나 재미가 없다는 아주 자명한 이치다.
사소한 것으로부터 시작하여 시각이 고정되어가고, 고정된 시각으로 바라보는 모든 것은 닫혀 있을 뿐.
그로 인해 답답해지는 자신의 마음을 어디에서부터 추스를지도 모르게 되는 것.
끊임없이 버리고, 깨고, 질타하여야 되는 것.
지금 내 눈에 보이는 것은 모두 닫혀 있을 뿐. 지독히도 답답하다.
나는 지금 답답하다. 누군가가 아니다. 내가 가서 열어야 한다.

눈이든 비든 간에 아쉽게도 그쳤고 녹음도 끝났을 무렵, 오랜만에 마포 거리를 걸었다.
무심하게 지나가는 사람들의 알 수 없는 사연을 궁금해하지도 않으면서 《TV저널》 표지로 나온 최수종과 하희라의 홀가분한 모습을 오랫동안 들여다보았다. '우리 결혼해요.' 그들이 떳떳함으로 얻은, 아니 벗어버린 그 수많은 사람들 시선의 무게를 보며 웃었다. 시답잖게 웃었다.
서연이와 아내를 데리고 집으로 왔다. 처가에서 저녁을 먹고 좀 더 시간을 보냈다. 아내의 과거를 듣고 질투하며 약이 오른 내 모습, 좀 어처구니없는 내 모습.
오늘은 갔다. _01.05

오후, 싱거운 눈이 내리고

생각할 시간도 많았고, 만날 만한 시간도 많았지만 그냥 있었다. 굳이 따질 만한 이유도 생기지 않았었고, 그저 답답해하는 모양을 보고 싶지 않았을 뿐이다. 남는 것은 가슴 저 밑바닥으로 자꾸만 내려가기만 하는 그 무엇인가의 무게, 어쩔 수 없는 그 무게뿐이었다.

하루의 아침을 바쁘게 시작하여 하릴없는 오후를 지나 멍청한 내 눈 위에 눈이 내렸다. 땅으로 내리는지 하늘로 오르는지 분간하기 힘든 눈이 자꾸 흩날리며 세상을 촉촉이 적셨다. 예전엔 그래도 여기저기 조금이나마 하얗게 쌓이더니 오늘 눈은 전혀 쌓일 기미조차 없이 땅에 닿는 순간 물로 변했다. 눈답지 않은 눈, 별 싱거운 눈. 나 같은 눈이 땅으로 내리는지 하늘로 오르는지 자꾸 흩날리며 아무 생각 없는 무료한 오후 한때를 스쳤다.

모두 관심이 있었기 때문이다. _01.06

늙지 않는 시인

-

어제는 스키장엘 갔다. 열심이었다. 넘어지고 고꾸라지면서도 생각했다. 어쩔 수 없는 내 상황, 자연스러움이라고는 눈곱만치도 없는……. 눈밭에서 그저 아래로 내려가기 위해 땀을 흘렸다. 강촌은 아름다울 거야, 상상하며 또 고꾸라졌다. 자고 싶었지만 빈방이 없었다.

오늘 집 근처 괜찮은 실내 포장마차에서 소주를 한 병 하고도 반병 더 마셨다. 많이 빌었다. 회유와 유혹과 협박까지 동원하며……. 오늘은 부모님과 점심을 먹었고 이사 갈 집 구경도 했다. 넓기는 한데 편하질 않으니, 언제나 변화를 쉽게 받아들이지 못하는 나로선 당연한 느낌이다. 졸리다. 안녕 여유로운 하루.

기형도 산문집을 읽다. 짧은 여행의 기록. 느낌이 많다. '짜석' 스물아홉에 신춘문예 당선이라니. 그럴 만도 했다. 사람은 누구나 자신의 관심사에 목매다는 것이니까. 다른 이들보다 좀 나은 것은 그는 그렇게 자신의 삶으로 시를 완성했다는 사실이다. 스물아홉 살, 어느 삼류 극장에 앉아 조용히 숨을 거둔, 그 짧은 여행의 마지막 눈빛은 어떠했을까. _01.10

깃털

-

나의 무게를 느낄 수 없는 하루.
뭔가를 끄적거리고 싶어도 비어 있는 내 머리는 아직 마르지 않은 걸레처럼 습기는 있으나 아무리 비틀어 짜고 또 짜도 생각의 실마리가 잡히질 않는다. 마치 생물 시간에 배웠던 파스칼의 영양 공급의 법칙(?)처럼 골고루 균형 있는 사고를 하지 못하고, 새어버리는 물과 같이, 차오르지 못하고 늘 접시에 고인 물과 같으니 갈증은 쉬 가시지 않는다.

따뜻한 커피 한 잔, 시커먼 물 안에 내 자유로운 얼굴이 있다. 순간 세상이 만들어놓은 내 자유로운 얼굴을 보며 웃었다. 큰 유리창 너머로 사람들은 고개를 숙이고 바쁜 걸음으로 다가왔다가는 사라지고, 가까웠다가는 멀어져가곤 했다. 그들의 목표가 어디인지 궁금해하지 않았으며, 그들도 내가 어떤 생각을 하고 있는지 궁금해하지 않으며 걷고 있었다.
스피커에선 "학교 앞길은 비에 젖었네 그대가 보고 싶네."라고 익숙한 목소리가 외치고 있었다.

그대가 보고 싶네? 보고 있음으로 새로워지는 것은?
보고 있음으로 벅차오르는 것은?
끝이 어디일지도 모르면서 끝으로만 끝으로만…….
벼랑 끝에 선 짜릿함이여.
하지만 떨어지고 싶지 않은 불안함이여.
너는 솔직성 운운하는 위선. _01. 11 / 01. 12

이방인
-

여유로움 속의 답답함이여.
한가로움 속의 조급함이여.
아무것도 하지 않은 날의 해지는 모습은 이루 말할 수 없이 안타깝다. 피우다 말고 재떨이에서 다 타버린 마지막 담배처럼 뭔가 느끼고 싶어 집을 나섰다.
저녁 여덟 시, 하루 일과를 마치고 서둘러 집으로 돌아가는 지친 모습들 사이로 무력한 얼굴을 하고 다가선 어색함이여.
종로통은 예전과 별반 다름이 없다. 파도처럼 밀려가고 밀려오는 젊은 모습들. 예의나 형식이나 주위는 상관없고 힘과 활기, 헤맴이 난무하는 곳.
돈들이 굴러다니는 거리 옆으로 약삭빠른 쇼윈도의 상술, 취한 이들 그 사이에 끼어든 마음과 육체의 이방인 → 나.
견딜 수 없어 그냥 집으로 왔다.

돈을 구하러 이리저리 뛰어다녔다. 아버지, 다 빠져버린 머리카락을 어색한 모자로 대신하였다.

팽팽하여 금방이라도 끊어질 듯하던 시선은 살아 있었지만 모처럼 집 밖에서 바라본 아버지의 모습은 허약해 보였다. 공손함이라곤 눈곱만치도 없는 주차 관리인과 은행원들 사이에서 바라본 아버지. 속도 상하고 화도 나고 해서 애꿎은 은행원만 내게 혼이 나고……. 눈을 질끈 감고 내가 어쩔 수 없는 세월의 무게를 털어버리려 애썼다.
_01.13 / 01.14

불면 1

-

도저히 기억 속에 남겨두고 싶지 않은 날, 나날들이 지나고
아침 아홉 시부터 새벽 두 시까지 깨어 있다.
곤두선 내 신경의 아픔이 엉뚱한 돌파구로 표출된 나날이
좀 부끄럽다.
녹음은 그저 그렇다. 진행은 잘되어 가지만…….

정말 힘들다.
바쁘고 열심히 사는 것이 돈을 버는 것에 목적이 있는 것은 아니었
지만…….

◉

욕심의 한계를 정해야 한다.
때론 놓을 줄도 아는 것이 현명한 삶의 방법.
그의 눈을 보면 참 깊다.
욕심, 내 이루어지지 않을 욕망의 끝을 정해야 한다.

어렵다. 늘 마음속에 묻어두고 간직하면 이루어진다.
이제껏 내 주변의 일들이 그랬다.
그저 감나무에서 감이 떨어지길 기다리며
입을 벌리고 누워 있지만은 않았지만
세상의 기본적인 틀이란 것을 거스르려고 한다면…….
_01. 26 / 02. 18 / 02. 22

문득 이렇게
살고 싶지 않다는 느낌이 든다.
추억이나 지금이나 미래를
꿈꾸기 싫다는 의미다.
답답하다.
그저 멍청해지고 싶다.

안개 방향

-

지난 17일 그가 사라져버린 장소에서 가까운 커피숍에 앉아 있다. 어쩌면 인생이란 것이 새벽과 아침 사이에 잠시 암울과 침묵의 세계를 만들고 늦은 아침 햇살로 사라져버리는 안개 같다는 생각이 든다. 세상을 바라보게 되는 우연과 우연 속에 벌어지는 필연들은 마치 한밤의 꿈처럼 허망한 것일지도 모른다. 뉴욕 피가로 카페 한구석에서 마셔본 카푸치노를 마시며 문득 그런 생각이 든다. 삶의 터전과 인생의 본질보다 주변이 더 중요해져버린 사회에서 스스로의 무게는 외적 상황에 따라 오히려 가감되어지는 것이 아닐까.

버릴 수 있는 자만이 새로움을 맛볼 수 있다. 자의든 타의든 따지기 이전에 몇몇 내 마음속에 각인되어진 아픔들을 생각한다. 버리기 쉽지 않은 선택 속에서 생명은 잉태하리라 믿어본다. 내가 의도함으로 뚫려버린 가슴속의 구멍은 그대로 두련다. 혹 그 누가 찾아온다 하여도 메워지지 않을 구멍이니까.

늦은 아침과 그 아침, 동네 한 바퀴를 도는 게 무척이나 내게 새로움을 주고 있다.

쌀쌀하면서도 깔깔한 봄바람과 계집아이처럼 생기로운 봄 햇살 아래, 잃어버린 그 무엇인가가 들어 있을 듯이 읽어 내려가는 하루키의 《상실의 시대》.

하지만 생각지 않은 라인line을 따라, 마음은 마치 어린 시절 밑이 보이지 않던 외가의 우물 바닥처럼 깜깜한 암흑 속으로 자꾸만 내려앉는다.

네오neo.

더 사랑해야 한다.

그럼으로 나의 무게와 외부의 무게를 더욱 굳건히 지탱할 수 있다.

'노르웨이의 숲'은 어떤 계절일까. _03.21/04.01

지워진 입
-

남에게 묻지 않는다.
누구에게 물을 가치도 없는 내 마음의 답답함.

그래, 묻기 위해 얼마나 다른 말들을 해야 하나.
묻기 위해 얼마나 또 나를 이해시켜야 하나.
세상사 둥글둥글.
참으며 살아야지.
누군들 못할 소리더냐.

참음도 견뎌냄도 더 필요치 않으리.

그저 저 길
저 멀고도 아득하며
아득하여 알 수 없는 길
묻지 않으며
이해시키지 않으며
걸어야 하는걸. _04.16

우리는 만난 적이 없다

-

삶의 대극에 죽음이 존재하지 않듯
함께함의 끝에 따로 함이 있지 않았다.
내 소중한 마음의 순정
그가 내 엿가락을 받아들고 코웃음을 쳤듯이
이제는 너와 나 함께 코웃음 친다.
무엇인지도 모를 어디인지도 모르는 길로 간다.
끝없다 한숨 쉬기도 지쳤는걸.
이제 무엇이든 말해야 한다.

서글픔
삶이 서글픔인 걸
네가 아닌 내가 아닌
그 누군 안다고, 알고 있을 거라고 믿자.
믿어야 살지.

한 번도 만난 적 없고
단 한 번도 눈 마주친 적 없는
그리운 그가…… 갔습니다. _04.17

연기
-

하루 종일 누군가를 그리워했습니다.
단 한 번도 본 적 없는 그를 그리워하며
내 속의 일부가 되어 있었던 그가 그리워
미치도록 보고팠던 겁니다.
구부러진 환기통 사이로, 내 피워 문 담배 연기는
소리 없이 사라집니다.
그도 사라졌습니다.
흔적 없이
내 잘못이 아니라 우기고 싶겠지만
내 잘못입니다.
그를 보고 싶습니다. _03.19

너만 없는 밤
-

그를 보았다. 좀 부은 듯한 느낌이다.
......
아주 오래전도 아닌데
그대 모습 보며 웃던 일
아주 오래전도 아닌데
......
없어,
말할 수 없어,
그대 떠난 이 밤에

들어봐
껌 씹는 소리
들어봐
웃는 소리

가득히 숨겨놓은 그대 향기
남아 있는 _11.04

등은 홀로 빛나고

-

대낮 땡볕 아래 서성이던 마음에
때늦은 가을비가 바람을 몰고 오고
아, 비는 내리고
그댄 구름에 가리운 달
너무 멀리서 웃고 있어 내 눈으로는 찾을 수 없어.

사랑은 유리그릇
함부로 다루다간 깨져.
사랑은 뒤꿈치에 자리 잡은 티눈
빼버리고 싶도록 고통스럽다.

오늘도 별 하나 없는 검은 하늘에
외등 불빛만 쓸쓸한데
지나간 바람은 너무도 아쉬워라.

고도를 기다리며
—

오지 않을 것 같은 불안함으로 기다린다.
기다림, 분명 오지 않을 수 있다.
고도, 그대는 영영 오지 않을지도 모른다.
하지만 세상에 나와 처음 눈을 떴을 때부터 인생은 기다림인 것
막상 온다 하여도 어떻게 해야 할지
고민하며 기다릴 수밖에 없다.

정말 온다면 웃을 수 있을까?

눈썹에 새기다
-

긴 바람이 지나가고
그리도 지루하게 내리던 비도
이제 품속에 가리우고
이렇게도 무더운 여름 햇살은
내 눈을 감기우고
꿈속에서 햇살처럼 아득히 웃고 있는 그대 얼굴에
꿈속에도 난 눈을 감는다.

◐

반짝이던 네 눈망울은 노을 따라 사라졌다.
강바람이 네 머리를 헝클어 잔잔한 강물에 파문을 일으키고,
긴긴 다리 위 굽은 어깨로 걸어가는 네 뒷모습에 흐르던 강물은
내 뺨을 적시고 있다.
안녕! 친구여!
부여잡은 손마디에 비가 내리고
때 묻은 운동화는 끝없이
삶을 밟아가고 있다.

안녕! 친구여!
눈물을 보이지 않으려 애를 썼지만
자꾸만 자꾸만 일그러지는 네 모습
자꾸만 자꾸만 흐려지는 네 모습
끝내 눈을 감아 헤어짐의 아픔을 흘리고 말아.

깊이
-

삶이란 어떻게 보면 시종일관 기다림인 것만 같습니다.
금이가 날 기다리듯 나 또한 금이를 기다립니다.
무척 오랜만이군요.
자주 만나야만 서로의 공감대는 넓어집니다.
서로의 공감대의 넓이에 따라 사랑 또한
깊고 얕음이 결정됩니다.
좋아지는 것이 두렵습니다.
살이 찢기는 아픔만 같은 헤어짐을
생각하기 때문입니다.
사랑했기 때문에 아픔을 참아내지만
그래도 아픔은 뼈저립니다.
그래서 좋아하지 않기로 합니다.
그래서 사랑이라 말하지 않고
그저 정이라 생각하기로 합니다.
그러나 마음 구석에 타오르는 불길은
그저 훅 불어서는 꺼지질 아니합니다.
여태 기다렸던 꿈만 같아서 말입니다.

불면 2

온통 네 생각으로 아무것도 할 수 없는 이 밤이 싫다.
말없이 웃음으로 모든 걸 감싸 안을 수는 없는가.
사람을 사랑하는 것
나의 무게와
나를 둘러싼 주위를 거부하는 것
자아의 무게를 책임짐과 동시에
사회의 무게에 정면으로 반항하는 것 _03.23

열병의 끝

-

떠났다.
떠난 것이 아니라 그저 있으려니 어디에선가 움직이고 있을 것이다.
열심히.
내 심한 열병의 끝은 정갈하지 못하였다. 서로의 모습 속에 서로의 마음속에 아픔만을 남기고 만 것이다.
눈물짓지 않고 답답할 수 있는 내가 밉다. _06.10

익숙한 것과의 결별

-

요즈음엔 내가 자꾸 바보가 되어가는 것 같다.
세상 일을 모두 인정해버리고,
단순히 느낌이 없고 감동이 없고 모든 일들이 그저 그러니 말이야.
도대체 왜, 라는 의문이 생기질 않으니 말이야.
세상에서 가장 좋은 술안주는 어색함이라던 친구의 말처럼
내 삶 속에 남아 있는 모든 익숙함을 버리고 어색함이 필요하다.
세상 모든 일들을 새롭게
세상 모든 일들을 신비롭게 살아가는 법.
내겐 어색함이 필요하다.

익숙해진 것 쉬운 것은 나를 잃게 하고
규정짓는 것 구분하는 것은 주위를 잃게 한다.
나로 인해 시작된 세상 모든 것, 그 모든 것들이 쉽지만은 않은 것은
나 자신도 모르고 살아가기 때문일까.
좀 더 쉽게 생각하며 살아간다면 때로 나태해질 수도 있겠지만
그리 어렵게 살아가고 쉽진 않다.
세상 모든 것 새롭게
세상 모든 것 신비롭게 살아가는 법.

어색함을 찾아야지.
내 삶 속에 남아 있을 익숙함을 버리자.

초록 황무지

오늘도 꿈 없는 날들은
눈 온 길에서 진창으로 밟히고
스쳐 가는 사람들의 낯선 얼굴에
시들은 눈빛

오늘도 꿈 없는 날들은
내 때 묻은 운동화 밑에 밟혀가고
힘없이 걷는 길가에 열매 없는 사과나무는
그래도 봄을 기다린다.

오늘도 피지 못할 사랑은
햇살 없는 겨울 가로수 위에서 떨고
어색하던 외로움은 어느새 익숙해졌다.

오늘도 그리운 얼굴들은
내 낡은 가죽가방 안에서, 야윈 내 기억 속에서 사라져가고

오늘도 시들은 눈빛들은

어느 길거리에서, 운동화 밑에서, 가방 안에서, 사과나무 위에서
오지 않을 봄을 기다린다.

저기 저 구름 사이로
아, 이게 무슨 소리?
햇빛이 굼실거리며 기어가는
황톳길 따라
꾸불꾸불 기어오는

                     길게 늘어진
                     버드나무 사이로
                     내 어린 꿈 키우던
                     시냇물 사이로

골목길 외등
고개 숙인 까만 밤하늘 속에
주름진 엄마 하얀 얼굴
맑은 구름 뒤로 숨는데

인생은 수영장

―

일 년 전, 여러 가지 힘든 일이 한꺼번에 불규칙하게 터졌을 때 이런 생각을 했다.

'인생은 수영장과 같다. 이렇게 힘든 일이 자꾸만 날 가라앉게 만든다면, 그래 가라앉아 보자. 내려가다 보면 바닥은 나올 것이고, 바닥이 나오면 차고 올라 수면 위로 떠오를 것이다.'

하지만 가라앉을수록 그 끝은 더욱 깊게만 느껴지고 다시는 수면 위로 떠오르지 못할 것 같은 두려움이 생겼다. 그래서 이 선에서 만족해야 한다, 생각하고 떠오르기로 했다.

삶은 때로 일정 부분 만족하며, 일정 부분 아쉬워하며
그래도 살아가야 한다.

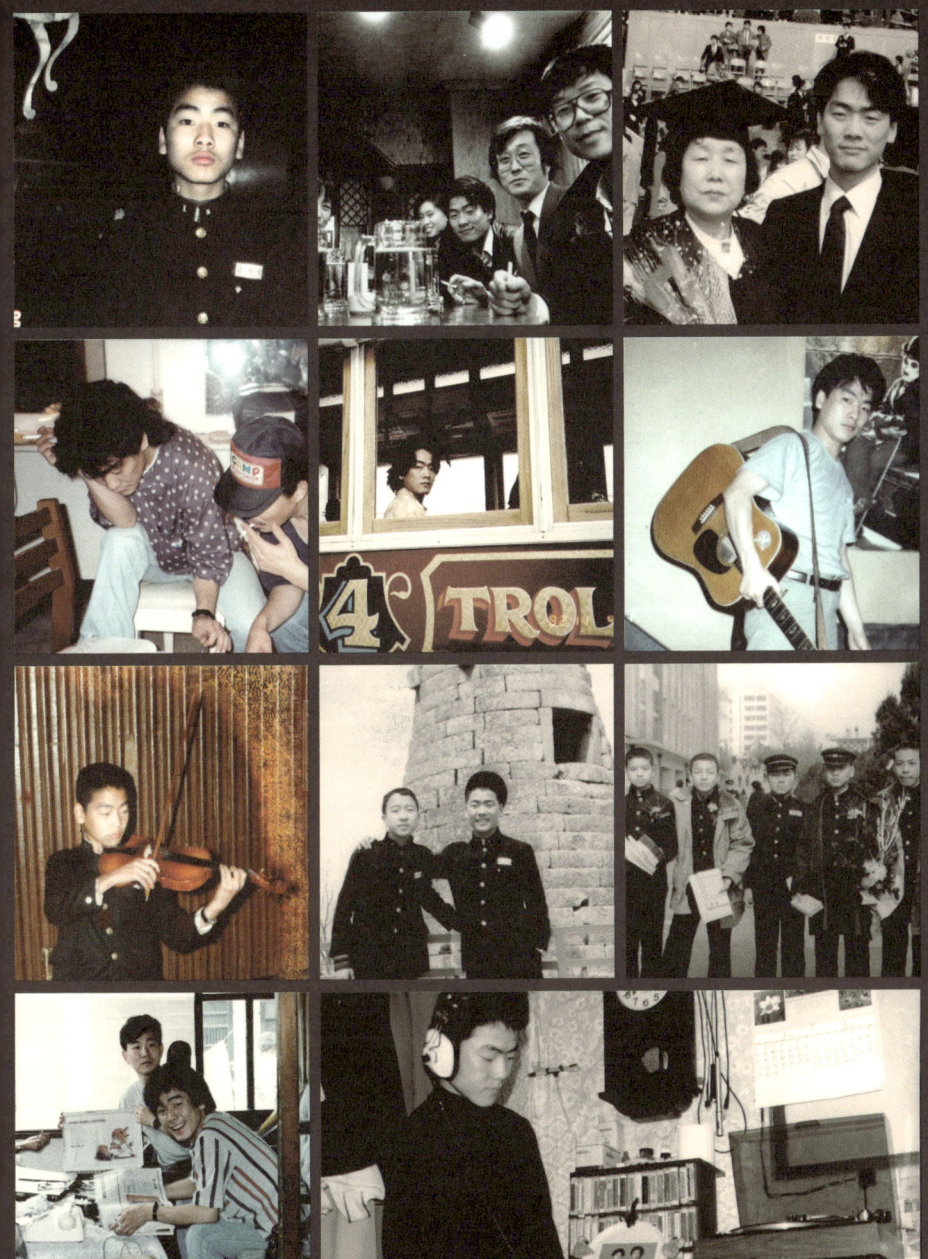

02
-
악보에는 마침표가

없다

-
거리에서
부르는
노래

> 3월 2일부터의 공연으로
> 1993년 한 해 공연을 시작했다.

1993년 3월 16일 일기에서

다시 부르는 노래

-

1988년부터 불러왔던 노래들
아니 대학을 들어와 부르고 배웠던 노래들
줄곧 같은 감정이 아니라, 그때그때 느낌이 조금씩 달라지면서
그래도 순수함으로 다가설 수 있었던 노래들을 다시 부릅니다.
다시 부르며 지난 많은 일들이 떠오르고
다시 다짐하며 내 길을 떠나렵니다.

오선지에 쓴 나의 이력서 1[•]
골방에서 세상에 눈뜨다

―

대학 1학년 때였어요. 이맘때쯤 저에게 노래는 별 의미가 없었습니다. 그저 감정을 다스리고 표현하고 뭐 그런 것쯤으로 여겼지요. 그렇다고 세상에 관심이 큰 것도 아니었습니다. 친구들과 만나면 술에 취해 괜스레 목소리를 높이곤 했습니다.
"정치는 못한다고 해야 잘나 보인다. 문화가 어떠니 사회가 어떠니 해야 썩 잘나 보인다. 그러면서도 터질 듯한 청바지의 여학생은 되게 밝힌다. 대충 먹고 많이 술 마시고 많이 담배 피우고 많이 아파한다. 뭘 하며 일생을 지낼지 고민하지 않는다. 그래놓고 아버지의 마음을 알기나 할까. 친척 중에 안기부 보안사 안 다니는 사람 어디 있어, 그들도 사람이지만 때론 사람 구실 못해서 탈이지. 조직이 뭐야 나라가 뭐야 인간답게 살자고 만든 거 아냐. 인간답게 살고 싶어 한 약속이 법 아냐."
그렇게 술에 취해 깨면 또 아침은 커다란 쓰레기차를 등지고 다가왔고, 내 텅 빈 머릿속으로 눈부신 햇살이 쏟아졌습니다.

• 이 글은 김광석이 남긴 메모와 소극장 공연에서 노래를 부르기 전 각 노래의 사연을 언급한 말들을 통해 재구성한 것이다. 가급적 사실 관계에 부합하도록 구성하였으며, 사실 관계가 애매한 부분은 김광석의 육성인 만큼 그대로 살리되 주를 달았다.

1985년 초에 나는 군에 입대했어요. 결혼을 이십 일 앞두고 군대에서 돌아가신 큰형님 덕택(?)에 6개월만 복무했어요. 방위보다 짧은 6개월. 남들보다 짧게 다녀온 셈이지요. 제대할 때까지 앞일에 대한 아무런 확신도 없었습니다. 복학하니 친구들은 취업한답시고 풀숲에 머리 처박은 꿩처럼 도서관 책상에 머리 숙이고 공부만 했고, 나 역시 앞일이 걱정이었습니다. 어떻게 살 것인가. 비로소 절박해진 나는 고민을 거듭하다 문득 한 가지 결론에 이르렀습니다.
"노래 부르며 사는 것도 괜찮지 않겠어?"
그러던 어느 날 한 친구에게 선물로 노래책 한 권을 받았지요. 중간중간에 시도 적혀 있고, 노래에 대한 이야기도 있었습니다. 책 표지에는 '젊은 예수'●라 쓰여 있었고, 예수의 웃는 모습이 연필로 데생되어 있었지요. 첫 페이지에는 노한 모습, 두 번째 페이지에는 우는 모습, 그다음엔 웃는 모습…… 뭐 이런 것들과 중간중간에 시도 적

● 김광석은 세실 극장 공연에선 이 책 제목을《젊은이의 사랑》이라고 언급한다. 김광석이 메모에 직접 남긴 글이므로 이 책을《젊은 예수》라고 추측한다.

혀 있고, 노래에 대한 이야기도 있고, 악보와 가사가 한 이백여 곡쯤 실려 있었죠.

처음엔 그다지 관심이 없었습니다. 근데 며칠 지나고 보니 군대 제대한 뒤라 심심하고, 나가기도 뭣해서 그 책을 꺼내 들고 혼자 기타를 치면서 노래를 불러봤죠. 거의 다 모르는 노래들이었어요. 어쩌다 반갑게도 한두 곡씩 아는 노래였고요. 그렇게 시간을 둥개면서 노래를 부르는데 아주 희한한 노래가 있더라고요. 제목은 '야금야금'. 멜로디가 정말 좋은 것 같더라고요. 가사를 이렇게 보니까 궁금해지더군요. 악보 바로 밑에 설명이 있었어요. 공장에서 근무하는 사람들, 힘겹고 어렵지만 그래도 달라지겠지 하고 열심히 일하는 사람들, 그런데도 불구하고 뭔가 편치 못한 반응이 대부분인 사람들에 대한 이야기, 공장의 긴 시간을 노래한 가사였지요. 저는 집에서 용돈 받아서 친구들이랑 소주 먹고 책값 받아서 술 먹고 엠티비 받아서 그다음 날 밤새 술 먹고 그러면서 주변 사람들이 어떤 모습으로 어떻게 생활하는지 전혀 관심이 없었습니다. 근데 이 노래를 만든 사람은 이런 데도 관심을 가지고 가사를 쓰는구나, 뜻이 좋은 것 같아 관심을 가졌습니다. 몇 장을 더 넘기면서 보는데 제목이 아주 재미있는 게 또 있었습니다.

못생긴 얼굴

괜스레 동질감이 느껴지는 제목이었습니다.
처음엔 '이야 재미있네.' 하는 마음으로 흥얼거렸는데, 한 줄 한 줄
흐를수록 뭔가 가슴을 찌르는 것이 와 닿더군요.

> 열 사람 중에 아홉 사람이
> 내 모습을 보더니 손가락질해
> ……
> 너네는 큰 집에서 네 명이 살지
> 우리는 작은 집에 일곱이 산다
> 그것도 모자라서 집을 또 사니
> 너네는 집 많아서 좋겠다
> 하얀 눈 내리는 겨울이 오면
> 우리 집도 하얗지

처음엔 뭐 이런 자극적인 노래가 다 있나 싶었지요. 그런데 사실 말이지 있는 얘기였거든요. 중학교 2학년 여름방학이었죠. 그 당시 창

신동 고갯마루, 정확히 신설동 쪽 숭인동에 한 120여 미터쯤 높이의 고개 마을에 살았었는데 노래에 나오는 사람들이, 비탈에 다닥다닥 붙어 있는 허름한 집에서 서로의 벽 너머로 숨소리가 들릴 정도로 모여 살았지요. 사실 재작년까지도 거기 살았지요. 저도 고등학교 1학년 때 셋방살이를 많이 해봤고요. 부모님이 고생하셨죠. 제가 뭘 알았겠습니까. 하지만 감정이 점점 무거워지고, 뭔가 와 닿는 것이 있었습니다. 너무 사실적이어서 낯선 이야기라 모르는 척 은근슬쩍 다음 줄로 눈을 옮겼습니다.

며칠 후면 우리 집이 헐리어진다
쌓아놓은 행복들도 무너지겠지
오늘도 그 사람이 겁주고 갔다
가엾은 우리 엄마 한숨만 쉬네
개새끼 개새끼 나쁜 사람들
엄마 울지 마세요

노래 가사 중에 욕 나오는 것도 처음 봤습니다. 오죽하면 욕을 했겠습니까마는…… 그다음 줄 가사는 더 놀라웠습니다.

아버지를 따라서 일터 나갔지
처음 잡은 삽자루가 손이 아파서
땀 흘리는 아버지를 바라보니까
나도 몰래 눈에서 눈물이 난다
하늘의 태양아 잘난 척 마라
자랑스런 우리 아버지

갑자기 저희 아버님 생각이 나더군요. 그렇게 그 노래책에 빠져들었습니다. 그러고는

서방님의 손가락은 여섯 개래요……
한 개에 오만 원씩 이십만 원을 술 퍼먹고 돌아서니 빈털터리래

그 노랫말을 보는 순간 저도 모르게 눈물이 쏟아졌어요. 한편으론 기뻤습니다. 뭔가 새로운 것을 알았다는 그런 기분이었죠. 사실 그 당시만 해도 라디오에서 나오거나 레코드판으로 들을 수 있는 노래들이 전부 다이겠거니 했죠. 세상에 이런 노래가 있을 거라고는 상상도 못했습니다. 좋아서 몇 번 듣고 그다음에 친구들 만나서 "야, 들

어봐." 했습니다. 그 노래들을 불러주면 친구들이 "이야, 좋다. 또 해 봐." 또 불러주면 "야, 좋다. 가르쳐줘." 가르쳐주면 "이야, 좋다." 그렇게 저는 골방에서만 듣던 노래들이 아니라 세상을 향해 부르는 노래들에 관심을 갖게 되었습니다.

'야! 이런 노래를 불러야겠구나.'

근데 우연한 기회에 한 친구가 그런 노래를 부르는 모임이 있다는 걸 알려주더군요. 그렇게 그 친구를 쫓아 찾아간 곳이 '연합 메아리' 라는 노래 동아리였죠. 열한 명이 모여 있었는데, 거기 들어가서 노래도 배우고 같이 지내고 공부도 하고 했지요. 그 노래 모임에 들어가서 처음 배운 노래가 있습니다. 그 노래를 만드신 분이 야학을 다니시는데, 야학을 다닐 때 나름 열심히 일하고, 공부도 열심히 하고 자기가 어렵사리 공부한 글에다 곡을 붙였다 하더군요. 그 노래가 '노래를 찾는 사람들' 첫 번째 앨범에 있습니다.

그곳에서 노래는 물론 세상을 바라보는 눈도 함께 뜨였던 것 같습니다. 혼란스러운 시기이기도 했어요. 꼬마 때부터 들어왔던 팝송, 처음 말을 배우며 함께 배운 노래가 미국 문화니 겉멋이니 반민족적이니 국적불명이니 하는 말에 주눅이 들어버렸습니다. 고개 마을과 예수의 얼굴이 떠올랐습니다. 그리고 침묵 속에서 스스로에게 묻고 답했습니다.

'도대체 내가 부르고 입고 먹고 마시고 보는 것 가운데 우리 것은 무얼까. 그리고 또 우리는 누굴 지칭한단 말인가. 나는 잘 모르는 사람들을 그들이라고 한다. 그런데 그들도 나와 별반 다름없이 화장실도 가고 먹고 싶은 것이 있을 테고 지나는 여인의 짧은 치마 아래를 뚫어져라 볼 것이기에 그들도 우리인 것 같다. 누가 누구를 우리라 하고 누가 누구를 그들이라 하는가. 누가 당신들을 해치려 하는가. 도대체 그 누가 당신들의 삶을 멸시하고 경멸하는가. 그들도 우리인데 왜 그들의 삶은 우리를 아프게 하며 서투른 그 누구는 그들의 흉내를 내며 뻐기는가. 아이가 태어나 목을 가누고 손을 휘젓고 괴성을 지르고 먹을 것을 달라고 우는 것을 보고 뭐라 하는 사람은 없다. 만약 있다면 그들은 근본을 잃어버린 뿌리 없는 잎사귀에 지나지 않으며 땅이 왜 발밑에 있어야 하는지도 모르는 자들이다.'

오선지에 쓴 나의 이력서 2●
동물원 앞 네거리

-

그 모임에서 여름 정도 지났을 때입니다. 그 당시 노래에 대한 제 생각은 그랬습니다. 어떤 좋은 뜻의 노래가 있고 이 노래를 여러 사람이 알게 되고 그리고 어떤 하나의 공감대를 형성하게 되고 그 뜻에 따라서 행동양식을 만들고…… 그래야 좋은 노래라는 생각을 했습니다.

하지만 세상을 알아갈수록 이런 생각 저런 생각 노래에 대한 생각들이 많아졌습니다. 그 모임 중 한 사람에게 〈못생긴 얼굴〉을 비롯한 노래들에 대해 묻기도 했습니다. 하지만 그도 명확한 답을 주진 않았습니다. "뭐 그렇지요." 이렇게 대답하는데, 속으로 '너도 모르는구나.' 이런 생각이 들었습니다. 요즘은 자주 만나고 이야기도 많이 나누고 해서 뜻을 같이하는데 그 당시는 그렇게밖에 생각이 안 들더군요.

● 김광석이 참여한 두 개의 앨범, 《노래를 찾는 사람들》 1집은 1987년 5월 31일 발매됐고, 《동물원》 1집은 1988년 1월 15일 발매됐다. 반년 정도의 차이를 두고 발표된 앨범이니만큼 1986년부터 1987년까지 김광석의 음악 활동은 두 개의 방향이 함께 모색되고 있다.

어떤 공연이 끝나고 난 다음에 별반 다른 이유는 없었는데 그 모임이 안 모이게 되었습니다. 게다가 우리가 부른 노래 중 음반에 실을 다섯 곡 중 한두 개 정도 문제가 생겼습니다. 그래서 전 그저 그렇게 집에 있었습니다. 그 당시 전 교회를 다녔는데, 그 교회를 같이 다니던 형님 중 한 분이 통기타 업소에서 노래를 부르시던 분이었습니다. 동교동 쪽에 있었던 그 업소는 올림픽을 개최한다며 환경 미화를 단행할 때 뜯어 없애는 바람에 지금은 없어졌습니다. 시간도 남아돌아 그곳에서 노래한다고 해서 구경하러 갔습니다. 그저 구경꾼으로 노래를 잘한다 듣고만 있는데 갑자기 그 형님이 "김광석 씨 나와 보세요." 하고 저를 무대로 불렀습니다. 그때까지 저는 사람들 앞에서 기타 치고 노래한 적이 없었습니다. 하지만 어떻게 해요, 처음이라 떨리지만 기타를 들고 어영부영 노래를 시작했습니다. 가사는 뒤죽박죽이고…… 그래도 노래를 두 곡 불렀습니다. 그렇게 첫 무대를 마치고 내려오는데 아무도 박수를 치지 않았습니다.

그렇게 집으로 돌아와 가만히 생각해보았습니다. 노래를 부르고 싶어 했으면서도 고작 그런 모습밖에 보이지 못한 내가 한심했습니다.

기타를 치면서 연습을 한 뒤 이튿날 또 그리로 찾아갔습니다.
"형, 나 또 시켜줘."
무대에 올라 노래를 또 했습니다. 그랬더니 사람들이 박수를 막 치는 거예요. 야아 좋다, 자신감이 생겨 그래서 다음 날 또 찾아갔습니다. 또 노래를 불렀더니 사람들이 박수를 막 치는 거예요. 야아 좋다. 그래서 매일 갔습니다. 매일 가다 보니까 그곳에서 일을 하게 되었습니다.
하루 30분씩 한 달에 삼만 원이었습니다. 거기서 노래를 하다 보니까 친구들이 구경을 하러 와 맥주를 마셨어요. 저도 노래하고 나선 맥주를 몇 잔 마셨습니다. 그때 맥주 값이 사만오천 원 나왔습니다. 그래서 그 집에서 두 달 동안 일했습니다. 그길로 '험한' 노래판에 뛰어들게 된 것입니다.

그렇게 조그만 무대에서 겨우 기타를 치고 노래를 부르는 게 내 음악의 전부였던 시기에 선배 한 분이 좀 보자는 전갈이 왔습니다. 그러고는 그 선배의 선배가 서울 공연장에서 작업을 하는데 같이 하지 않겠느냐고 제의했습니다.
"그분이 누군데요?"
"김민기라는 사람이래요."
"그 사람 안 죽었어요?"
김민기라는 이름은 너무 멀고 큰 이름이어서 내가 아는 그분이 아니거나 돌아가셨거나 그렇게 생각을 했던 거였어요. 그렇게 딱 만나보니까 대개 젊더라고요. 저희 형보다 젊어 보였어요. 그때 김민기 씨와 함께한 작업이 어린이 동화를 바탕으로 한 〈개똥이〉라는 뮤지컬이었습니다. 거기서 뮤지컬이 나오기 전에 음반 작업부터 한다고 해서 녹음을 했습니다.

  제발제발 제발 톡톡 때리지 좀 마세요
  칠판지우개인가요
  ……
  시험 보고 매 맞고 통지표 받고 통지표 받고 또 매 맞고

그 작업은 1988년이 되어서야 뒤늦게 발표할 수 있었습니다. 원래 선배들과 함께 부른 노래인데 딴 건 다 지워지고, 그 노래만 살아남

았습니다.

지금도 마찬가지입니다만 그 당시에 음반을 발표하려면 사전에 심의를 받아야 합니다. 녹음은 거의 끝날 무렵이었는데 심의를 못 받으니까 음반 발표를 못하게 되는 겁니다. 게다가 그때만 해도 〈아침이슬〉〈늙은 그대 노래〉 등 금지곡은 심의조차 하지 않았습니다. 접수를 해야 되는데 심의위원회에서는 접수조차 받지 않았던 거지요. 얼마 전 정태춘 씨가 '음반 파업'의 맥락으로 심의를 받지 않고 불법 음반을 만든 것도 다 그 맥락입니다. 개인의 사상물이나 머릿속에서 나온 결과물에 대해서 규제는 하지 말라는 의미죠.

음반 회사에서 돈을 빌려다 녹음비로 다 썼는데 음반을 못 내게 되니까 결국 빚만 쌓이게 됐습니다. 그래서 대신 낸 음반이《노래를 찾는 사람들》1집입니다. 이 음반도 25곡을 만들었는데 9곡만 실어 나왔습니다. 그중에 저 혼자 부른 노래도 있는데 심의에서 잘려 수록되지 못했습니다.

하지만 음반 심의가 끝이 아닙니다. 방송 심의가 또 있습니다. 방송국 자체에서 이 노래를 방송에서 틀어도 되나 심의를 합니다. 음반은 나왔지만 방송 심의에 걸려서 금지가 되었습니다. 교과서에서 배운 노래인데 그것도 금지를 시키더라고요. 〈아 대한민국〉이나 그런 노래만 건전가요인가요? 사실 따지고 들자면 정말 현실성 없는 노래들이죠.
그때 심의가 어느 정도 엉망이었냐 하면 이광조 씨가 불렀던 〈오 그대는 아름다운 여인〉이라는 곡이 방송 심의에 걸렸습니다. 금지 사유가 가창력 미숙이었습니다. 농담이 아니라 진짜예요. 그땐 가성을 되게 많이 썼는데, 파바로티나 도밍고나 카레라스나 그런 식으로 불러야 잘 부른다고 생각했던 것 같습니다. 한 시대를 같이 사는 사람들임에도 불구하고 그렇게 느낌이 다를 수 있다는 게 분노를 떠나 허탈했습니다. 의지나 관점의 차이가 절대 다가 아닌 것 같더군요.
그때 선배들이 노래 팀을 만들었습니다. 처음엔 저를 이끌어주어 저도 행사나 노래 공연을 함께 다녔습니다. 그때 알게 됐던 아주 좋은 선배들이 있습니다. 지금 그분들 이야기를 하니까 옛날 생각이 나는군요. 그때 그러다가 저는 혼자 떨어져 나가서 혼자 노래하고 가사를 쓰고 그렇게 새로운 시작을 궁리하고 있었습니다.

짧은 군 생활을 마치고 복학을 한 뒤 1986년도 8월 1일부터 고려대 앞에서 카페를 한 적이 있습니다. '고리'라는 카페를 딱 차려놨더니 친구들만 살판이 났습니다. 자연스럽게 찾아와서 전혀 부담 없이 그냥 가는 바람에 결국 망하고 말았습니다.

그 당시 가사를 만들던 친구들이 있었는데 그 친구들이랑 여름방학 때 무엇을 할까, 이야기를 하다 그때까지 만들어놓았던 노래를 모아 카세트테이프 음반을 제작했습니다. 그렇게 친구들에게 '자작 음반'과 악보를 나누어주자 무척 좋아했습니다. 후배들도 하나 달라며 부러워했습니다.

1987년 여름, 어떤 사람이 별생각 없이 녹음한 그 노래들을 듣고 '진짜' 음반을 내자고 했습니다. 어떤 정신 나간 사람인가 했는데 그 사람은 진지했습니다. 그가 바로 '산울림'의 김창완이었습니다. 근데 지금 생각해보면 그 형이 안목이 있었습니다. 그렇게 음반을 내기로 하고 건반 치는 후배도 데려오고, 기타 치는 친구, 드럼 치는 친구들 데려오고 그렇게 하다 보니 원래 4명인 멤버가 7명이 됐습니다. 그렇게 해서 나온 음반이 《동물원》 1집입니다.

막상 판이 나오자 김창완 형은 "이걸 누가 사냐?" 그렇게 말했습니다. 우리는 "이걸 왜 안 사요." 자신감 있게 말했지만, 득달같은 반응이 없자 왜 잘 안 팔리지 고민에 빠졌습니다. 결국 듣는 사람보다 우리만 좋았다고 결론을 내리고는 아무 기대 없이 두 번 공연을 했습니다. 그런데 생각지도 않았던 음반이 잘 팔리기 시작했고 생각보다 일이 바빠졌습니다. TV에도 나가고, 라디오에도 나가고 했습니다. 바빠지다 보니 가게도 정리하고 2집을 만들자는 이야기가 오고갔습니다. 하지만 2집을 준비하려고 하자 친구들은 하나둘 취직을 하기 시작했습니다. 결국 박기영이라는 마지막 남은 후배마저 취직을 하고 나자 저 혼자 남게 되었습니다. 어느 날 그 친구가 취직을 했다고 해서 만났습니다.

"형, 나 명함 나왔다."

명함에는 '두산 KFC 꽝꽝'이라고 적혀 있었습니다.

"야, 근데 잎뒤는 알겠는데 기운 데 KFC가 무슨 뜻이냐?"

"켄터키프라이드 치킨!"

"야, 너 연세대 정외과 나와서 학벌 있다고 생각했는데 대학 사 년 공부해서 닭 튀기러 갔니?"

"아니, 그게 아니고 매장 관리도 하고 그런 거예요."

"부동산 한다고?"

그렇게 놀렸지만, 모두 마음속의 꿈을 접고 현실로 발을 디디는 것 같아 안쓰럽고 또 혼자만 남은 것 같아 두렵기도 했습니다. 하지만 어차피 저 혼자서라도 노래를 계속할 생각이었습니다. 어떻든 기회가 생기면 노래를 계속 부르고 싶다고 다짐했고, 그래서 친구들의 도움을 받기도 하며 독집을 내게 됐습니다. 김창기, 유준열, 박경찬 등과 함께 어울려 다니던 당시가 내 이십 대의 방황을 마무리하던 때였지 않나 싶습니다. 요즘 내 노래의 깊이는 어쩌면 그 무렵 방황의 깊이에서 비롯된 것이 아닌가 생각합니다.

젊음의 특권

-

언젠가 라디오 프로그램 〈별이 빛나는 밤에〉 공개 방송 녹화에 나가 청소년들에게 '자기가 하고 싶은 대로 하라. 단 자신이 선택했으면 끝장을 봐라.'는 요지의 말을 한 적이 있습니다. 그때 마침 입시를 눈앞에 둔 시점이어서 그랬는지 그 얘기는 방송에서 잘렸습니다.
공부는 못했지만 흔히 하는 말로 모범생이었던 내 십 대 시절을 후회할 때가 가끔 있습니다. 그때 내가 좀 더 많은 생각과 경험을 했더라면 지금 내 음악이 더 풍부해지지 않았을까, 하고 말입니다.

젊었을 때 많이 사랑하고
많이 이별하세요.
방황과 고민은 젊음의 특권이니까요.

슬픈 노래

-

7월 초 공연을 시작하고 얼마 되지 않았을 때입니다. 새벽에 출출하고 그래서 홍대 앞으로 나갔습니다. 대학 1학년 때부터 알고 지내던 친구 하나가 그 동네에서 장사를 하고 있었거든요. 좋은 동네예요. 세상이 모두 잠든 시간에도 갈 곳이 있다는 건. 그 집에 들어갔더니 역시 그 친구가 있더라고요.
"안녕."
"뭐하니?"
"술 마셔."
"같이 먹자."
그러고는 술을 먹으면서 이야기를 나눴습니다. 왜 혼자 술을 마시고 있었는지 궁금했지만 아무 말도 하지 않았습니다. 그냥 한 잔 두 잔 마시다 보니 그 친구가 7년 전에 사귀었던 아가씨 이야기를 꺼내더군요. 지금은 누군가의 아내가 된 사람이었지요. 이젠 '아줌마'가 되어버린 사람을 잊지 못하는 게 답답해 "너 또 왜 그러니?" 그랬더니 친구의 낯빛이 심상치 않았습니다.
두 달 전에 그녀의 남편이 교통사고로 죽었다는 소식을 들었더래요. 그 소식을 듣고 나니까, 이제껏 다 포기하고 잊고 지내기로 했었는데, 또 보고 싶어지더랍니다. 그래서 수소문을 해서 한 번 만나려고 마음먹고 있다더군요.
"만나면 뭐하려고?"
"잘되면…… 같이 지내고 싶어."

사람들은 누구나 가슴속에 어떤 아픔이나 삶의 무게 그런 부분들을 나름대로의 크기로 가지고 삽니다. 대개 팔자려니, 이러면서 인정할 건 인정하고 포기할 건 포기하고 지내지요. 헌데 그 친구는 지나간 시간인데도 악착같이 견디려고 하더군요. 한쪽으론 참 바보스럽다 느껴지고 한쪽으론 상당히 부럽더군요.
그래서 친구에 대한 제 바람은 그랬습니다. 만나라. 만나서 잘되면 더더욱 좋겠지만 사람이라는 게 상황이 있고, 주변이 있고, 시간이 있어서 지나보면 사람들은 늘 변한다. 만약 머릿속에 키웠던 그 애 모습과 지금 그 애의 모습의 차이는 어떻게 극복할 것인가. 두 가지 경우가 있을 것이다. 하나는 아, 이게 아닌데 하고 뒤돌아서는 경우. 그 사람을 자기 머릿속에서 혼자 키워왔기 때문에 안 맞아떨어지는 건 당연할 것이다. 그건 정말 슬픈 일일 것이다. 하지만 또 하나, 아무리 그 차이가 심해도 서로 극복하려고 애쓰는 모습. 결과가 어떠하든 지레 걱정하지 말고 지금 네 마음이 그렇다면 만나라.

친구는 한참 뜸을 들인 뒤 8월 초에 미국으로 가서 그 친구를 만나겠다고 하더군요. 저는 다시 한 번 잘됐음 좋겠다, 하고 집으로 돌아왔습니다.

그러고는 잊고 있었는데 저번 주에 그 친구한테서 삐삐가 왔어요. 전화를 했더니 그 친구는 마치 그날 새벽 같은 목소리였습니다.

"나 우울해."

"왜 그러냐?"

"좀 나와 줘."

나갔더니 전작이 있었는지 눈이 반쯤 풀렸더군요.

"나 우울해."

"그래 우울해, 빠져도 괜찮아. 좀 빠져봐."

친구는 술기운을 추스르곤 이야기를 털어놓았습니다.

지난 3주 동안 외무부, 정보처에 있는 친구들 다 동원해서 그녀의 전화번호를 입수했다는 겁니다. 그동안 미국에 있는 줄만 알았더니 한국에 머물고 있었다는 겁니다. 바로 그 전날 출국했다는 것이었습니다.

"난 안 돼."
"그래 넌 안 돼. 포기해. 건강해야지."
나름대로 걱정이 돼 위로하는데, 친구는 또 아무 일 없었다는 듯 옆 테이블 사람들이랑 놀고 그래요. 그런가 보다 하고 "나 갈게." 인사를 건넸더니 친구는 진지한 얼굴로 불쑥 "나 한 번 더 해볼래." 그러는 거예요.
"참 너도 징하다. 그래 해봐. 해보고 싶은 만큼 해봐. 누가 할아버지 돼서도 널 거들떠보겠니."

아마 그 친구는 무언가 가슴에 묻고 있는 것을 끝내 풀어보려고 하는 것이겠지요. 괜스레 샘도 나고, 약도 오르더군요. 그러면서 정말 잘됐으면 좋겠다 싶었습니다.
그 친구는 지금도 미국에 있는 친구들한테 그녀 소식을 알아보고 있는 것 같더군요. 사람이 사람을 만나고 또 한 사람을 가슴에 묻고 지낸다는 것이 참 쓸쓸한 이야기인 것 같습니다.

이 노래를 부르는 까닭

—

사랑했지만

어느 모임에 갔을 때였습니다. 모임에 참가하신 칠순 할머니께서 이런 말씀을 하셨습니다. 비오는 어느 날 우산도 없이 장을 보고 오는 길이었는데 거리에서 흘러나오는 노랫소리에 자기도 모르게 발걸음을 멈추고 비도 잊은 채 한참을 서 있으셨답니다. 그 노래가 〈사랑했지만〉이었답니다. 감정은 나이와는 상관없다고들 하면서도, 할머니나 부모님이 나를 잘 이해하지 못하실 거라고 쉽게 단정 짓고 이야기도 나누지 않는 것이 우리의 모습입니다.

나는 할머니의 말씀을 듣고 반성을 했습니다. 사실 개인적으로는 이 노래를 별로 좋아하지 않았습니다. 시도하지도 않고 그저 멀리서 바라만 보는 수동적인 태도가 마음에 들지 않기 때문입니다. 하지만 그 할머니의 잊었던 감정을 되살려준 노래이기에 조금 더 열심히 부르고 좋아하기로 마음먹었습니다. 내가 하찮게 여기는 것이 남에게는 소중한 것이 되는 일이 얼마나 많은가요. 나의 마음과 타인의 마음은 같습니다.

서른 즈음에

십 대는 거울 같습니다.

자꾸 거울을 보거나 좋아하는 사람 흉내 내기를 즐깁니다.
이십 대가 되면 뭔가 자신만의 것을 찾기 위해 좌충우돌합니다. 자신에 대한 가능성과 기대로 패기만 믿고 덤비지만 어설퍼서 상처를 입기 일쑤입니다. 그러다 보면 아픔을 겪기 싫어서 조금씩 비껴나가게 됩니다. 어떤 일은 피하고, 어떤 일은 포기하게 됩니다. 그렇게 지내다 보면 'ㄴ' 자가 붙는 나이가 됩니다.
서른이 되면 이십 대의 가능성들은 대부분 좌절되고 자신의 한계를 인정해야만 합니다. 이제는 주변에 일어나는 일들도 재미있거나 신기하지 않습니다.
얼마 전 갓 서른이 된 후배를 만났습니다.
"형, 답답해."
"뭐가?"
"재미없어."
"아 글쎄, 뭐가?"
그 친구 키가 180센티미터입니다.
"형이 언제 나만 해봤어?"
"그래 나 164다. 숏 다리에 휜 다리다."
나도 서른을 넘어설 무렵 심한 상실감에 빠졌습니다. 이십 대에 가졌던 기대나 가능성이나 이런 것들이 많이 없어지고, 삶에 대한 근본적인 허무가 몰려왔습니다. 정말 견디기 힘들었습니다. 서른은 인생의 전환점이자 처음으로 자기 삶에 대한 성찰을 하게 되는 때가 아닌가 합니다.

이 노래를 부를 때마다 내적으로 늘 서른 즈음인 것처럼 묘한 느낌에 사로잡힙니다. 스스로 하고 있는 일에 만족하며 살아야지 다독이면서도, 스스로 가진 한계들을 느끼면 다시 답답해집니다. 답답한 느낌이 들 때마다 이 노래를 부르게 됩니다.

이등병의 편지

저는 〈이등병의 편지〉를 부를 때나 훈련소 시절보다는 어머님과 돌아가신 큰형님 생각이 납니다. 저와는 나이 차가 많은 큰형님은 내가 초등학교 5학년 때 군대에 갔습니다. 어머니는 훈련소에서 반송된 큰형님의 옷가지를 빨면서 우셨습니다. 큰형님은 결혼을 이십 일 남겨두고 사고로 돌아가셨습니다. 당시 큰형님은 육군 대위였습니다. 나는 〈이등병의 편지〉를 부르다 어머니, 큰형님 생각에 울먹거린 적이 여러 번 있었습니다. 큰형님 돌아가신 후로 김치 맛이 변할 정도로 맘을 상하신 어머니께 이 노래를 보내드리고 싶습니다.

부치지 않은 편지

'노래마을'에서 활동 중인 백창우 씨가 만든 곡입니다. 카페에서 통기타 가수로 활동할 때 자주 부르던 곡입니다. 당시 이 노래를 부르며 나도 이런 사랑을 해봤으면 하고 바랐습니다. 내가 꿈꾸는 사랑의 전형이라고 할까, 솔직히 지금 내 생활은 그때의 순수함에서 많이 벗어나 있습니다. 그게 슬픕니다.

그녀가 처음 울던 날

이 노래는 원래 이정선 씨가 만들고 취입한 곡입니다. 제가 십 년 전쯤에 좋아했던 노래입니다. 노래의 내용은 이렇습니다. 한 착한 여인이 있었습니다. 남자가 아무리 함부로 대하고 약속 시간에 늦게 나와도 늘 미소로 맞아주었습니다. 그가 다른 여자에게 한눈을 팔아도 따뜻하게 대해주었습니다.
그러던 어느 날 그녀가 참다못해 처음으로 울어버렸습니다. 그게 끝이었습니다. 한 번 울고 떠나버린 그녀는 다시는 돌아오지 않았습니다. 애틋한 사랑을 잃어버린 남자의 가슴은 무너지지만 이미 늦었습니다. 사랑은 늘 제시간에 오지 않습니다.
사실 제가 부르는 사랑 노래는 대부분 자의적인 사랑입니다. "사랑했지만 떠날 수밖에…… 사랑했지만 그저 멀리서 바라볼 뿐." 하지만 이젠 좀 더 용기를 내고 싶어집니다. "사랑했어. 그래서 사귄 거야. 넌 내 거야." 혹시 알아요. 이렇게 자기 의지로 안 되는 일도 헤쳐 나가려고 노력하는 모습이 있다면 다른 결말을 맞이할 수 있을지도. "그래 지금도 사랑해. 함께 있지 않을래? 더 사랑할 수 있도록 말이야. 네 곁으로 가고 싶어." 그렇게 같은 사랑 노래도 이렇게 노래한다면 보다 좋고 발전적인 면으로 나아갈 수 있지 않겠어요. 해피엔드. 그러면 얼마나 좋겠나 싶어요.

나른한 오후

작년 이 노래를 부를 땐 나른한 오후라서, 코에 파리가 앉짱거려도 손 하나 까닥하기 싫을 만큼 나른한 오후라서 퉤, 콧바람만 날리며 무기력한 기분에 사로잡혔습니다. 몇 해 전에 이 노래 가사처럼 지낸 적이 있습니다. 딱히 하고 싶은 일도 없었고, 할 일도 없었고, 누가 일을 시켜주는 것도 없었고, 그래서 그냥 멍청하게 시간을 보냈습니다. 만날 하던 일이란 사람 구경하는 걸 좋아해서 길거리에 나가 지나가는 사람들을 보며 '이쁘다.' 생각하는 것이 고작이었습니다. 처음엔 초조해지고, 불안해지고, 이렇게 살아도 되는 것인가 답답해지고 때론 심심하기도 했지만, 몇 개월 지나니까 내 스스로가 그런 생활을 즐기고 있었습니다. 멍청하니 아무 하는 일 없이. 가끔 아주 조금 걸리는 건 어쩌다 마주치는 어머님 눈길. 쯧쯧. 한데 참 편해요. 욕심도 없고 그렇게 몇 개월 지나니까 평생 그렇게 살겠더라고요. 그러다 불현듯 그게 무슨 의미가 있을까, 그런 생각이 들어 조금 움직이기 시작했죠. 그러다 보니 이것저것 일거리도 생기고 그렇더군요. 재작년 여름부터 무척 바빠지기 시작했습니다. 작년 한 해 동안 개인 공연만 이백 회 했고, 다른 사람 공연의 초대 손님 일흔두 번, 대학축제 여든 번, 밤마다 〈밤의 창가에서〉 라디오 공연하고, 라디오는 유월엔 쉬었네요.

얼마 전 문화방송 라디오 프로그램에 출연한 적이 있습니다. 시간이 좀 남아 로비에서 커피를 마시면서 방송을 기다리고 있는데 누가 나를 보곤 "또해 왔다." 이렇게 말했습니다. 무슨 뜻인지 몰라 "그게 무슨 말씀이세요?" 물었더니 제 별명이 '또해'라는 겁니다. 포스터의 날짜기 지나서 공연이 끝났나 했더니, 금방 또 새 포스터가 붙고, 또 끝났나 했더니 또 붙고 그래서 또 해, 라고. 그 자리에선 웃고 말았지만 마음 뒤끝은 커피처럼 쌉싸래했습니다.

올해도 별반 다른 것 같지 않습니다. 올해는 그래도 새로 시작하는 것이니 '해'로 해달라고 말하고 싶습니다. 내년부턴 뭐가 될지 모르겠습니다. 저는 여전히 일단 가는 길을 가는 것뿐입니다. 길을 가다 보면 좀 바쁘게 걸어갈 때도 있고 천천히 갈 때도 있습니다. 좀 천천히 가면 걸어가는 도중에 이것저것 자세히 관심 가지며 많은 것들을 볼 수 있어서 좋을 것이고, 좀 빨리 가면 빨리 도착해서 한숨 돌릴 수 있으니 좋을 것이고 그런 것 같습니다. 하지만 제대로 잘 가고 있는지는 모르겠습니다. 그 의문점은 해결이 나지 않고 현재진행형입니다. 가다 보면 길은 분명히 나올 테고, 갑자기 막혀 있다고 해도 그때 가서 생각해보죠. 다만 저는 걸어가고 있을 뿐입니다.

외사랑

이 노래를 부르기 전에 늘 하는 말이 있습니다. "해서 안 될 사랑은 없습니다." 마음과 마음이 만나서 이루어지는, 이쁘고 아름다운 사랑이 많았으면 좋겠다는 생각으로 이 노래를 부르고 다녔죠. 하지만 요즘은 이 노래 부를 때 마음이 좀 다릅니다. 얼마 전에 읽은 낡은 책에 이런 구절이 있더군요.

'사람이 사람을 진실로 사랑한다는 것은 자아의 무게에 맞서는 것인 동시에 외적 사회의 무게에 정면으로 맞서는 것이기도 하다.'

앞부분은 어떻게 스스로 견뎌 나갈 수 있다고 생각됩니다. 마음이 아프고 애달프고 견디기 힘들고 하는 그런 부분들이요. 하지만 뒷부분은 쉽게 되지 않죠. 암묵적으로 사람들이 만든 그런 틀이 있는 것이고 틀 안에서 살던 사람들이 그 틀을 벗어나기란 보통 힘든 게 아니죠. 이미 그 틀에서 벗어났다면 발이 허공에 떠 있는 것과 마찬가지니까요. 지나가는 사람들을 하나하나 붙잡고 "그게 아니에요. 이런 것이에요."라고 설명할 수도 없는 것이고.

저도 결국 포기했습니다. 요즘 주변에서 어떤 조건이나 상황 이런 것들을 따져가며 사람을 만나고, 거기에 자신의 마음조차 끼워 맞추는 걸 보면서 왠지 이해할 수 있겠더라고요. 이해하기로 했습니다. 어쩌면 그들이 더 솔직한 사람들이 아닐까 싶습니다. 해서 요즘엔 이 노래 부르는 느낌이 좀 다른데요. 하지만 어느 구석에선가 분명히 마음과 마음이 만나서 이루어지는, 이쁘고 아름다운 사랑이 있을 것이라는 희망은 버리지 않았습니다.

요즘 세상은 그렇습니다.

어떤 내용으로 만들든, 어떤 이야기를 하든, 그 이야기를 하는 스스로가 건강하고 그래야겠죠. 어떤 사람의 이야기를 듣든 그 이야기를 듣고 "아 그래 그럴 수 있구나." "아 그래 다시 생각해봐야겠다." 뭐 그렇게 느낌을 알아요. 우리에게 생각할 거리를 제공해주는 그런 노래들이 괜찮은 노래가 아닌가 싶습니다. 계속 고뇌하고 계속 만들다 보면 언젠간 좋은 노래가 만들어지겠죠. 꽃피는 좋은 시절이 오겠죠. 끝인사는 이런 말을 하겠습니다. "행복하셔요."인데요. 자기 일을 열심히 하고 그 속에서 보람을 느끼는 사람은 행복한 사람입니다. 여러분도 열심히 사시고 보람도 느끼시고 그래서 행복해지기를 바라겠습니다.

행복하셔요.

부초

-

삼월부터 시작된 여러 경험들이 내 생에 있어 어떤 의미로 남을지는 고민하고 싶지 않다. 그저 세찬 바람들이 동서남북으로 정신없이 휘몰아쳤을 뿐이다. 물은 흐른다. 문득 내가 그 물 위를 흘러가는 부초 같다는 생각이 든다. 물이 흘러가는 자리에는 바위도 있고 소용돌이도 있다. 그렇게 흔들리다 보면 여유롭고 한가롭게 떠 있을 수도 있겠지만, 결국 나는 어떤 자리에 뿌리를 내릴 수 있을까. 영원히 정착하지 못한 채 끝자리까지 흘러갈 수도 있을 것이다. 무엇을 위한 흐름인가, 어디에로의 움직임인가는 중요하지 않을지도 모른다. 그저 흐르고 움직이고 있음이 삶인 것을! _05.31

빈집

-

주말마다 주말 보내기처럼 공연을 했다.
대전-광주-대구-부산-청주······.
아내가 없어 풀어진 마음으로 일부러 집에 늦게 들어와 봐도 별 재미가 없다. 그저 자꾸 내 속으로만 가라앉는다. 나를 찾을 수 있는 기회처럼 느껴졌는데 전혀 아니다. 헤매는 내가 참 한심스럽다. 아내가 없어도 한번 잘 살아보려 했는데 말도 안 된다. 이미 우린 필요조건에 얽매여 충분으로 가야만 하는 것이다. 서로 부대낄수록 멀어지고 싶더니 이렇게 그리움으로 시간을 죽일 줄은 내 미처 몰랐다. _06.14

아내에게

—

보고 싶은 아내에게
당신이 떠나는 날부터 지방이다 서울이다 정신없이 바빴다.
당신 없으면 잘돼가는 일이 정말 없다.
뭘 해도 재미없고 하나에서 열까지 모두 신경 쓸 것투성이고
여러모로 당신이 필요하다.
객지에서 몸 아픈 것처럼 힘든 게 없는데
연락도 자주 못해 미안하다.
문득문득 생각나서 전화해보면 잘 연결이 안 되더라고.
서연이는 키도 컸고 더 건강해져서 할머니가 따라다니기 바쁘다.
엄마 어딨니 하면 양손을 하늘로 쭉 뻗으면서 어! 어! 해.
처음에 마음이 아파서 눈물이 핑 돌더라고.
그동안 충실하지 못한 내가 밉기도 했고.
구 피디한테는 7월 한 달만 하겠다고 이야기했어.
6월 30일 아침에 눈을 떴는데
이런 식으로 계속하다간 정말 안 되겠다 싶었어.
그래서 그날 얘길 꺼낸 거야. 잘되겠지.
공연엔 작년보다 손님이 더 많아. 당신 생각하며 열심히 하고 있어.
당신도 나와 서연이 생각하면서 열심히 하고

남은 기간 무사히 잘 마치고 돌아오길 빌어.
오늘은 예비군훈련 받고 일찍 돌아와서 편지 쓰는 거야.
서울 지금 무척 더워. 거기는 더 덥겠지만 정말로 건강하고 재미있고 유익하게 보내고 오길 바라.
장모님이 가끔 다녀가셔. 밑반찬도 해다 주시고.
장모님한테 너무 죄스러워 잘 얘기도 못하겠어.
당신 오면 처가 식구들한테 저녁 한 번 사야 할 거야.
모쪼록 건강하길.
그럼 이만 줄여. 서연이 깰 거야. 좀 같이 놀아줘야지.
사랑하는 아내에게. _1993.07.05

함정
-

시간은 놀라지도 아쉬워하지도 않는다.
안타까울 이유도 없는 것
지난 시간들을 추억이라는 이름으로
매어놓지도 않는다.
스치는 바람의 끝이나 시작이 없는 것처럼
인생도 애당초 의미 없는 것
삶의 힘을 얻고 싶은 사람들이 애써 만들어놓고
스스로의 행동에 힘겨워하며 지내고 있는 것이다.
사람, 사람, 참 어리석은 동물이다.
스스로 함정을 파놓고 그 안에서 행복이 어디에 있는 것일까 고민하는 답답한 생물. _08.30

기억의 눈
-

지난밤에 눈이 내렸나.
말하지 않아도 난 기억할 수 있다.
한밤 눈 내리던 그 길을
지난 바람 잡을 수 없어도.

꿈속에 보았던 옛일은 추억만 남아 움츠린 어깨 위로 떨어진다.
나뭇잎 져버린 앙상한 가지 위로 지친 해는 무얼 찾나.
회색빛 운동장엔 오늘도 외로움만 남아 있다.
바람아 불어라,
저 산 넘어 노을 끝까지 내 맘 쉴 곳 찾아.

멋모르는 사람에겐
오늘도 여느 날과 다름이 없다.
하늘이 이토록 파란 것을

비상구
-

비상구는 때로 등한시한다.
어떤 건물에선 아예 잠가놓기도 한다.
도둑 때문일까? 급할 때만 쓰는 걸까?
늘 다니는 곳, 일상적인 비상구의 반대말은
말 그대로 비상사태가 아닌
안정 상태의 '안정구'인가?
비상구
비상구의 위태로움
청소하고 자주 보수해주지 않으면
정말 급할 시에는 정작 쓰지 못하는 경우도 있음

비상구
비상구의 외로움
많은 사람이 없고
어쩌다 이동하는 사람이 있기에
늘 혼자인 듯한 외로움
불안함

심심함의 묘한 기분
　　　↓ 연결이 되나?
자학적인 기분 masochism

심연
-

공연이 중반을 넘어섰고, 다들 축하해주고 열심이었다고,
특종이라고 악의 없는 칭찬들이다.
나의 마음속에 일고 있는 허전함의 본질은 무엇인가.
나를 치열하게 해준 것은 무엇이었나.
후회도, 보람도 아닌 그저 살아 있음에 움직인
그 움직임이 불쌍한가.
무료하다.
즐겁지 않은 이유를 모른 채 나는 즐겁지 않다.
또 이러다 가라앉는 것인가.
무섭구나.

몇 년 전 내 틀을 넘어선 내 외로움을 부정하지 않았는가.
나는 늘 도망가고 싶어 하는, 어쩔 수 없는 쫓기는 자로 태어났는가.
무엇인가?
날 이토록 흔들고 있는 것은.
내 심연의 욕심의 근원을 모르는 것인가.
무얼 위해 보고 먹고 느낀 건가.
쓸데없는 짓을 한 건 아닌 것 같은데

대체 내 허무의 기저에서 끊임없이 날 잡아내리는 것은 누구인가.

끊임없이 생각하는 사람의 끝은
끝없는 관념 속의 바다 그 심연을
오르지 못하고 헤매는 것이다. _11.29

조화

조화의 시대
향기는 없어도 좋다.
보고 상상만 해도
없는 것보단 낫다고 향기 없는 꽃을 칭찬한다.
뭔가 중요한 것이 없다는 것을 인정하면서
그래 향기는 없어도 좋다.
보고 향기는 상상하시길. _1995. 08. 18 14:50

산다는건
-

여러 가지 일 때문에 우울해진다.
제주 공연은 만족할 만하지만 관객은 그리 많지는 않았다.
이유 없이 아내에게 화풀이를 한다.
그러고 나면 오히려 더욱 힘들어진다는 걸 뻔히 알면서도
왜 나는 늘, 옆에 누군가 있을 때에는 다른 생각을 하고
막상 옆에 없으면 그리워하는가.
모순이다, 내 안의 모순!
광주에서 올라오는 버스 안
획획 지나는 불빛들
너는 내게 또 나는 네게
저 자동차의 불빛들처럼 쉽게 흐르고 있는가.
산다는 건 외로움에 익숙해지는 것
산다는 건 혼자임을 깨닫는 것
하지만 산다는 건 서로 나눌 줄 알아야
행복할 거라 믿는 것

해프닝
퍼포먼스. 유희

옥상. 아내와의 퍼포먼스(?)
참 기묘한 시도
아름다운 밤하늘
튜브섹스. sex on the tube   1995. 08. 20 / 1995. 08. 22

내가 별로인 날

별로 좋았던 날은 아닌 것. 무엇엔가 고삐가 매어져 있다고 항상 느끼게 된다. 편하다는 생각이 어디에서도 안 드니 말이다. 괜히 화만 내는 내 자신이 어처구니없다. 방송하기 너무 힘들다. 깊지 않은 사고에 하는 말이 뻔하다. 어떤 행동으로 내 실추된 공신력을 회복할 수 있을지.

아내와 서연이가 건강했으면. 정신과 육체 모두.
여유라곤 찾을 수 없는 하루하루에 그저 살아가고 있음이 놀랍다.
풀리지 않은 고민들이 꼬리를 물고.
눈만 뜨면 달라 보이는 서연이
뭔가 욕구 불만에 찬 내 고양이
또 한 주는 시작이 된다. _1992.04.14 / 1992.07.11

어쩌란 말입니까

—

빌어먹을 어쩌란 말인가.
네 맑은 눈빛을 아스라한 그 미소를
내 공주의 그 '이쁜' 곳을
어 쩌 란 말 입 니 까.
내 사랑을
어 쩌 란 말 입 니 까.
참지 못한 존재의 가벼움을 _12. 28

결혼 2주년

결혼 2주년
무엇보다, 서로를 알고 있다는 것이 감사하다.
어디로인지 가고 있는 나
어디인지 볼 수 없는 것은 만질 수도 없지만
오늘 하루만이라도 충실해야 함을 느낀다.
하루가 다르게 뭔가를 배우고 있는 서연이 _1992.06.30

딸을 직접 받아내며

-

내 딸이 태어날 때 처음 본 얼굴은 의사가 아니라 나였다. 내가 딸을 직접 받아냈기 때문이다. 의사는 출근 전이었고 간호사는 무슨 준비하러 간다고 나간 사이에 내가 아이를 받아냈다. 아주 놀라웠다. 아! 사람이 이렇게 태어나는구나. 그 놀라운 광경은 괴기영화보다 더했다. 참 신기했다. 사람이 태어나는 게.

놀라가지고 멍청하게 있다가 밖에 나갔는데 길거리에 다니는 사람들이 하나도 쉽게 안 보였다. 잘생겼건, 못생겼건, 있는 자건, 없는 자건, 다 그렇게들 태어나는구나. 좀 없는 사람이다 싶으면 슬쩍 무시하고 좀 있는 사람이다 싶으면 괜히 쩔쩔매던 나 자신이 부끄러워졌다. 다 똑같구나, 모든 사람이 다 똑같구나. 그런 생각을 하면서 만든 노래가 〈자유롭게〉이다.

"하늘에 떠가는 구름들과 같이 / 바람은 자유롭지 / 꽃잎 위의 맺힌 이슬방울처럼 / 때 묻음 없이 / 타오르는 태양 은은히 비추는 / 달빛과 같이 / 저마다 소중히 태어난 우리 / 우리는 모두가 고귀한 존재 / 자유롭게 자유롭게 / 바람처럼 자유롭게 / 열린 마음으로 그저 바라봐 너 / 너너너 너너 너너너 너 / 쉽게 단정 지은 일들 / 나와 너를 구속하고 / 쉽게 긍정 지은 일들 / 나와 너를 얽매이고 / 쉽게 인정했던 일들 / 나와 너를 부딪치고 / 서로가 아끼며 보듬을 우리 / 따뜻한 눈으로 마주할 우리 / 사랑으로 자유롭게 / 사랑으로 자유롭게"

네가 나의 자랑이라
참 좋아.
네 맑은 눈빛을 보면
온 세상이 맑고 끝없이 보여.
너무 까매서 윤기 나는 네 눈망울이
때론 나를 부끄럽게 하지만
난 네가 내 자랑이라
행복해.
맑고 이쁘고 걱정 없는 서연에게! _1992.05.05

사랑의 꼭짓점

—

서연이가 날 무서워한다. 난 그 아이의 애비다. 무조건, 그 아이가 어떤 행동을 하든, 비록 날 상심하게 할지라도, 심지어 날 배신하더라도 난 그 아이를 사랑한다, 사랑할 것이다, 사랑할 수밖에 없다.
허나, 아이는 날 무서워하고 아이답게 솔직히 나를 싫어한다. 난 무척 상심한다. 이제껏 경험했던 그 어떤 상실감보다 큰 아픔이 가슴에 남는다. 난, 사랑하는데 무엇이 나를 또 그 아이를 그렇게 아프게 했는가. 심한 자책과 폭음, 방향 모색……. 서연이와 친해지고 싶다. 마음으로. 이제 하루가 지나면 올해가 저문다. 마지막이고, 시작의 그믐이다. _12.30

인간 풍경

길을 건널 때
신호등이 바뀔 때
지나가는 차 소리
왜 때려 니가 뭔데
금슬 좋지 않은 부부의 싸우는 소리
썩은 가로수도 하늘을 바라본다.
펄럭이는 깃발
새벽길 청소부의 입김
나는 용기가 없어 말은 못하고
보이는 것만 쓴다.

길 건너 바람은 말없이 흐르고
햇살 던져진 나무 벤치
가로수 저편에 아이들 뛰논다.

웃는 얼굴 웃고 있는 얼굴들은
시들어가는 오후 위로 날아 삶이 되어가고
내 헝클어진 머리는 빗질을 거부한다.

처음 만나 할 말이 없어 대화의 맥을 찾지 못한다.
아무 의미도, 그렇다고 웃기지도 않은 그런 말들을 주고받으며
새우깡만 만지작거리고.
30분 동안 몸을 뒤틀고 문득 생각난 얘기가
"집에 전화했어요?"
"아뇨."
별로 늦지도 않은 것 같은데 괜히 말 한마디 잘못해
그녀는 가야 한다고 가버리고.
아! 나는 왜 이럴까 생각하며 담배만 피우고 있으니……
당신은 이런 경험 있소?
(카페 '라이브live'에서 옆자리를 보고)

요즈음 사람들
TV, 라디오, 신문, 컴퓨터, 잡지, 광고
표피적인 사람. 말초적인 사람. 나 외엔 관심 없음
관계의 단절. 情은 없다. 구두코 세계관
환상 X 공상 속의 사람. 병든 사람 → 마음의 병. 어린 시절의 애착

지푸라기를 씹듯 정크 푸드에 길들여진 사람
먹고, 싸고, 보는 것도 자유롭지 못함
사랑할 줄 모르는 사람. 사랑이 더럽고 지저분히디는 사람
답답해 답답해 → 무엇이든 소리 질러 풀어
비상구를 찾아서

세상에 특히 사람 사는 세상에 불가능이란 없다, 라는 말을 인정하고 싶지 않아도 인정할 수밖에 없는 것이 무섭다.

무엇이더냐? 비어 있음. 뭔 말을 하려 하면 발동하는
내 장난기 같은 유치함
비어 있음을 애기하며 미래를 생각지 말 것
내일도 비어 있을 것임
무념무상? 당신은 神을 아시나요?
혹 달마를 아시는지요?
150년의 인생 역정 수행승의 모습이 중요하진 않습니다.
그가 달마이기 때문일 뿐이지요.
머리끝부터 발끝까지 비우고 싶은가요, 죽어도 남습니다.

어두운 밤이었나 보다
그냥 어둡기만 하지는 않았다.
무언가 하고 싶었는데
무척이나

그냥 밤은 깊어만 가고 있다.
사실 내 속에 웃지도 울지도 못해 하고 있다.
사랑은 이렇듯 쉽게 왔다 쉽게 가고 있지만
남은 꿈들은 어렵게 조금씩 흐른다.
오늘도 혼자였던 나를 돌아보며 하루를 정리하는 양
촛불 앞에 앉았다.

나는 천천히 흐를 것이다

-

닥치는 대로 일을 벌이고 닥치는 대로 처리하며 흐르다 보니 내 흐름 속의 급류는 좀 긴 듯싶다. 1991년 7월 이후로 적어도 3개월에 한 번씩은 개인 공연이었고, 축제다 행사다 방송이다 눈코 뜰 새 없었다. 공연을 마친 후 지친 몸을 이끌고 두 시간여의 생방송을 위해 부지런히 달려가곤 했다. 내가 어디쯤을 흐르고 있는지 도저히 강변을, 흐름의 주변을 볼 수 없을 만큼 빠르게 흘렀다. 3월부터의 정신적·육체적 고통과 내 마음의 갈등의 원인은 바로 이런 생활 때문이었다. 생활의 규모와 규칙을 정해야 할 때다. 6월의 지방 공연들과 7월 공연을 끝으로 쉴 것이다. 그 누가 뭐라 해도 천천히 흐를 것이다.

_06.03 / 1995.08.18

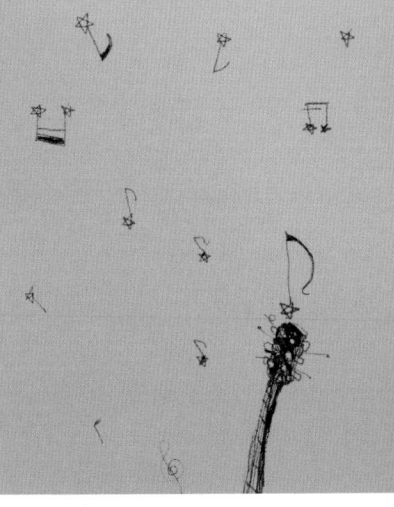

7월 한 달 동안의
공연이 끝났다.

8월 24일 일기에서

마음이 허전한 날

—

몸도 피곤하고 마음도 허하니 어쩔거나, 술 먹기도 싫고…….
불교방송국 17층에서 라디오 방송 녹음을 하다 창가에서 메뚜기 한 마리를 발견하였다.
이놈이 잘 살까 싶어 조심스레 잡아 창문 밖으로 날려주었다. 시골에서도 요즈음 농약 때문에 잘 볼 수 없다는데 공해가 심한 서울 한복판에서 메뚜기를 보다니.
허전해하는 나에게 메뚜기가 감히 일침을 놓았다.
'너도 살아 있어 움직이지? 나도 살아 있어 움직여. 사치스러운 생각 말고 열심히 살아!'
가을이다.

해의 방향으로 달리다

-

새벽에 눈을 떠
아직 해 뜨지 않은 하늘을 보고 생활 같은 골목길을 달린다.
꿈이 없는 길
다시는 꿈에서라 보기 싫다.
숨이 가빠지고
먹은 것이 울렁거려도
그놈의 길을 달린다.
내 발짓 내 손짓도 지금은 내 것 아닌
남의 것
이제는 내 숨통도 남의 것

오늘도 새벽에 눈을 떠
아직 별 지지 않은 하늘을 보고 생활 같은 골목길을 달린다.
바람이 있는 길
다시는 꿈에서라 보기 싫은
꿈 없는 길을 뒤로하고
손을 휘저으며 고개를 까딱이며
해를 바라고 달린다.

틈

김지하의 《중심의 괴로움》을 읽은 건 지난해 가을 대구에서 서울로 올라오는 기차 안이었다. 기차 시간이 남아 동대구역 구내서점에서 시간을 보내다 구입한 책이었다. 그 책 중에 〈틈〉이란 시가 있다.

> 아파트 사이사이
> 빈 틈으로 꽃샘 분다
> 아파트 속마다
> 사람 몸속에
> 꽃눈 튼다
> 갇힌 삶에도
> 봄 오는 것은
> 빈틈 때문
> 사람은
> 틈
> 새 일은 늘
> 틈에서 벌어진다
> ……

이즈음 그 구절이 자꾸 떠오른다.
틈이란 글자가 왜 그렇게 맘을 끌었던지. 사람 사이의 틈. 사물들의 틈…….
그 시와 함께 밀란 쿤데라의 《느림》은 어느 정도 나에게는 비슷한 느낌을 준다.
빈틈없는 요즈음의 일상 속에서 바쁘고 빠르게만 움직여야 살아남을 것 같은 나의 조급함에 일침을 가했다.
난 틈 없이 살고 있구나 싶어, 여유 없이 살고 있구나 싶어 답답해하던 기억이 난다.
실생활이 여유가 없고 살아가는 공간의 넓음이 없어서일까?
아무도 비집고 들어올 틈 없이 마음의 문을 꼭꼭 잠가둔 사람일수록 상대방의 틈을 기다린다.
틈을 벌리자.
좀 느리게 다가오는 그들을 여유롭게 기다리자.
기다림의 무게를 감당하는 힘, '여유'와 '틈'을 넉넉하게 받아들이자.

사랑이라 쓰면서

―

1993년을 보내며, 한 달간의 공연이다.

이번 이야기는 잃어버린 꿈이다.
꿈에 보이는 모습은 현실과는 대조적이면서도
현실을 비춰주는 것들이 있다.

사랑이라 쓰면서●
금색이 나오니, 왠지
사랑의 느낌이 아닌 듯하다. _12.02

● 이 글이 실린 수첩 뒤 페이지에 기록된 글로, 김광석은 이 글을 금색 펜으로 썼다.

한 해를 보내고

한 해가 가도 또 한 해가 시작되어도 남는 것은 알 수 없는 무거움뿐이다.

어느 시인의 글, '움직임 당신의 움직임 당신이 불쌍해'라는 구절 속에서 삶의 무게와 살아가는 사람들에 대한 시인의 애정 어린 시선을 느낀다.

누구나 살아 있어 움직이고, 움직임의 결과에 만족하려고 애쓰며 마음을 다독거린다.

이루고자 하는 꿈이 있어 정신없이 그 꿈을 쫓아 달리다 보면 주변의 아름다움을 보지 못한다.

시간이 흐른 뒤엔 한참을 달려온 지친 육체 외에는 남는 게 없을 것이다.

좀 더디게 한참을 돌아가는 우회로를 걸어가듯이 주변의 아름다움을 바라보고 느끼며 걸어간다면 이 생이 조금이라도 더 향기롭고 아름답게 될 것이다.

여행 일기
뉴욕에선 누구나 혼자가 된다

—

1

도시의 얼굴은 상점이다. 삼 년 만에 보는 상점의 이름이 마치 아는 사람의 얼굴 같다.
'피가로Figaro' 삼 년 만이다. '카푸치노Cappuccino'도 삼 년 만이다. 킴스비디오숍Kim's video shop은 없다. 워싱턴 스퀘어 파크는 괜히 정겹다. 그래놓고 몇 시간 떨어져 있으면서 나비 생각이 간절하다. 참 너무너무 쉽게 외로워하는 나.

뉴욕 프라자 호텔 첫째 날 밤N.Y. Plaza Hotel, 1 night.
이탈리안 스파게티 & 스테이크.
참 좋은 시간.
오랜만에 둘이서.

두 번째 날2nd day.
따로 쇼핑.
바이올린 하는 사람이 잘 못한다.

결국 싸운다. 아무것도 아닌 것을.
내가 좁은 탓이다.
시계와 실내화를 하나 샀는데 좋아할지 모르겠다.

마음은 있는데 잘 안 된다.
프라자Plaza의 오크 바Oak Bar.
센트럴 파크가 보인다. 맨해튼은 차로 다닐 데는 못된다. 걸어 다니며 구경하면 괜찮다. 중요한 것은, 두려워하지 말 것. 빌딩으로 들어가야 쉴 곳도 있다. 어떤 곳이든 당당히 들어서면 되는 것이다.
하루 만에 날씨는 무척 싸늘하게 식었다. 모두들 롱코트를 입고 다닌다. 창밖으로 보이는 여섯 대의 자동차 중에 택시가 세 대다. 맨해튼에는 택시가 많다.
서연이는 날 보고 싶어 할까.
아침 전화에서 "빨리 와." 했다.
비행기를 타고 가도 이틀이 걸린다. 16시간.
오늘 밤 11시 비행기를 타고 모레 아침 6시에 도착한다.
할 일들이 많다.

돈은 많이 썼는데 물건들 사느라 재미있게 지내지도 못했다.
이것도 경험이겠지.
앞으로는 여행은 여행이다.
쇼핑 아닌 여행.

2

앞에 앉은 노랑머리는 깔끔하다. 비즈니스맨이다. 옆에 있어도 잔머리 구르는 소리가 아주 크다.
이탈리아, 미주, 스페인 말들이 오크 룸Oak Room에 울린다.
오크 바. 나무로 만든 곳이라 울림이 더 크다.
만약에 내가 바를 만든다면 나무로는 안 만들어야겠다.
알 수 없는 소음 속에 무척 괴롭다.

소니원더테크놀로지랩을 구경했다.

이름과 목소리를 넣은 후 사진을 찍고 얼떨결에 샘플이 되었다.
졸업장을 주다니.

5시 40분 이 사람은 지금 어디에 있나. 5시에 만나기로 했는데.
5시 10분쯤 정승진 씨에게 전화했다.
6시 30분쯤 도착한단다.
이렇게 철저히 외로워보는 것도 필요한 것이다.
가끔 혼자 여행해야겠다.

3

10. 22
KAL 038 10시 40분 출발.
지금 한국 시간 22일 저녁 6시 5분.
앵커리지 상공을 지나고 있다.
나비는 내 옆에서 〈스포츠조선〉을 읽고 있다.

10. 29
메트로폴리탄 박물관.

10. 30

샘애쉬뮤직스토어 Sam Ash Music Store

Guild P-100 샀다.

48st 6Av 사이 7Av

12. 27

비자 신청서에 직업란이 있다.

싱어singer 난에 ○ 표시를 한 후에 3층에서 면접을 하란다.

묘한 기분이다. 스스로의 직업에 대해 어떻게 생각하느냐, 라고 묻는다면 세상에 몇 명이나 만족스럽다 할 수 있을까.

나는 나의 직업에 만족하고 있다.

하지만 이런 서류 관계에서나 일반적인 척도에 부딪칠 때에는 늘 구구절절 설명이 필요하다. 나에 대해. 내년에는 제작자로 사업자 등록을 해야겠다. 하지만 난 가수다.

4

1994. 1. 4

여기 로스앤젤레스 시간으로 5시에 일어났다. 아내는 좀 나은 듯한

목소리다. 용구와 통화를 하고 영화를 보고 7:30 아침으로 스크램블
에그Scramble Egg를 먹었다. 데이비드의 사무실에 들렀다가 9:43 악기
점에 쇼핑하러 가고 있다. 데이비드는 미국인치고는 정감 어린 사람
이다. 정직하고 강인하다. 괜찮은 사람인 것 같다.

다운타운 크레스(CRES, 로스앤젤레스 중심부 초승달 모양의 상점 거리_편
집자)에서 매키24(MACKIE 24, 스피커 종류를 일컬음_편집자)를 3,500달
러에 구입했다. 데이비드가 한국으로 부친다고 했다. 가격이 잘 맞는
듯하다. 믹Mic 제품은 한국에서 사는 게 나을 것 같다. 가격이 비슷하
다. 걸어서 기타 가게에 갔는데 원하는 기타는 없다. 데이비드가 불
러서 'Mc'이라는 가게로 30분 걸려 도착해보니 그야말로 기타 전문
점이다. 이것저것 정신없이 사다 보니 1,500달러어치나 샀다. 트레
이스TRACE 앰프도 사고 기타는 포기했다. D-18이 1950년 대 산인데
사운드가 거의 환상이다. 3,000달러다. 오후 2시 30분에 나와서 서
둘러 데이비드의 오피스로 향했다. 조금 더 지체하면 트래픽에 걸려
40분이면 도착하는 거리가 3시간 걸린단다. 데이비드와 그의 아버
지, 장 부장, 나 넷이서 식사를 하고, 제이시페니JC Penny로 쇼핑을 갔
다. 아내가 부탁한 피크닉 바구니는 없다. 무척 피곤하다. 걸어서 호

텔로 돌아와서 그냥 뻗어버렸다. 밤 9시 45분이다. 전화를 해야 하는데…….

문화의 저력

-

전통의 위기는 우리 문화에서 가장 큰 문제이다. 전통은 단지 옛날의 것을 의미하는 건 아니다. 자기 문화에 대한 자존심과 전통이 없으면 손쉽게 서구의 문화, 특히 미국과 일본의 대중문화에 경도된다. 하나가 유행하면 너도나도 뒤따라 그 일색이 되는 거리의 패션과 하다못해 한자리에서 5년도 버티지 못하고 간판을 갈아치우는 카페들을 보라. 뉴욕의 음악 거리인 그리니치의 작은 카페에 들른 적이 있는데 그곳은 별 특징도 없었지만 무려 80년이나 되었단다. 나는 그곳에서 말도 많고 탈도 많아도 세계를 지배하는 미국 대중문화의 저력을 느낀다. 나는 내가 느낀 것을 우리 딸이 그대로 느끼기를 바라는 것이 아니다. 하지만 최소 2, 3세대가 공유하는 공간이 있는 문화는 손쉽게 허물어지지 않는다.

서른둘의 나의 현실
-

현실은 늘 과장됨 없이 솔직하다.
날 지탱해주던 주관적인 기대가 무너지던 날
난 사랑을 잃고 사랑을 얻었다.
내 나이 서른둘
스펀지처럼 푸석푸석해진 나의 세상살이
날 인정함으로 또 한 발 내딛어본다.
내 나이의 무게를 감당하기 위해
이제 'ㄴ' 자 붙은 나이가 된 내 아내
꽃잎 위의 이슬 같은
그리고 나와 주파수가 맞아떨어진 사람들

마흔이 되면

―

마흔이 되면 하고 싶은 게 있다.
오토바이를 하나 사고 싶다. 멋진 할리 데이비슨으로! 돈도 모아놓았다.
주변 사람들에게 얘기를 했더니 걱정을 한다.
"다리가 닿겠니?"
"무슨 소리 하는 거야!"
큰소리는 쳐놓았지만 걱정이 되어 충무로에 나가봤다.
구경을 하다가 "저 아저씨, 한번 앉아봐도 될까요?" 하고 물었다.
"살거유?"
"조만간에요. 한번 앉게 해주세요."
하니까 앉아보란다.
다리는 닿고, 팔도 닿는다. 문제는 몸무게다.
어느 정도 몸무게가 나가야 오토바이 무게를 안전하게 이겨낼 수 있단다.
마흔쯤 되면 살이 찌지 않을까.
배만 나와도 가능할 거야.
오토바이를 타고 세계일주 하고 싶다. 타고 가다가 괜찮은 유럽의 아가씨 있으면 뒤에 태우고, 머리 빡빡 밀고, 옷에 금물 들이고, 가죽

바지 입고, 체인 막 감고…….

◉

콘서트를 마친 후 동료들과 저녁을 먹다가 물어보았다.
"환갑 때 뭐 하고 싶니?"
한적한 곳에다 오두막을 짓고 한가롭게 살겠다는 친구도 있었고, 회춘 쇼를 하겠다는 친구도 있었다.
나는 환갑 때 연애하고 싶다.
말만 들어도 가슴이 설레는 로맨스.
로맨스는 아무쪼록 번개를 맞은 것처럼 격렬해야 한다.

영화 〈나 홀로 집에 2〉에는 뉴욕의 센트럴 파크에서 비둘기와 지내는 여인의 얘기가 나온다. 여인은 한때 어떤 남자와 열렬히 사랑했고, 그 사람과 헤어진 후 다른 사랑이 다가오면 도피했다. 그러고는 비둘기하고만 지냈다. 이제는 아무도 다가오지 않는 처지가 되었다

한다. 그녀에게 첫사랑의 슬픔은 너무나 커서 다시 그렇게 아플 것이 두려워 사랑이 다가올 때마다 도망친 것이다.

내 주변에도 실연한 후 마음의 문을 꼭 닫아걸고 그 비둘기 여인처럼 지내는 사람이 몇 명 있다. 중요한 건 아프지 않은 사랑이란 없다는 것. 아픔 없는 생이 없듯이. 사랑으로 많은 것을 얻기도 하고 잃기도 한다. 아프기 때문에 괴롭지만 또한 아프기 때문에 더욱 사랑하게 되는 것, 그게 사랑이 아닐는지.

와인 잔을 깨고 튀어 오르는 붕어

얼마 전 후배가 그림책 한 권을 보여주었다.

책 안의 그림 하나가 나의 눈길을 끌었다. 와인 잔 안에 살던 붕어가, 그 와인 잔이 좁다고 느꼈던지 와인 잔을 깨고 나와 허공에 떠 있는 빨간 붕어 그림이다.

사람들은 누구나 주어진 틀 안에 산다. 스스로 만든 것이든 타의로 이루어진 것이든……. 그 붕어 그림을 보고 나는 붕어처럼 내 틀을 벗어날 용기가 있는지, 가만히 생각해보았다. 윤리적이든 사회적이든 또 여러 가지 면에서 스스로의 어떤 틀 안에 살게 되는데 나는 이 틀을 벗어날 용기가 있던가, 저 붕어처럼.

가만히 생각을 해보니 전혀 그럴 용기가 없었다. 좋으면 좋은 대로 그렇게 흘러왔다. 사람들은 누구나 선택하고 포기하고 그렇게 지낸다. 포기한 것에 대해 아쉬움이 남고, 그 아쉬움은 길게 남을 수도 있고 금세 잊힐 수도 있다. 또 선택한 것에 대해선 책임을 지며 그렇게 지낸다.

나는 짜장면 집에 가면 짜장면과 짬뽕을 둘 다 시켜 맛을 보고 나온다. 왜냐하면 짬뽕 시켜서 먹는 날은 반쯤 먹다 보면 아 오늘은 짜장면이었구나, 그렇게 아쉬워하고, 짜장면 시킨 날은 또 한참 먹다 보면 아 오늘은 짬뽕이었구나 하고 자꾸 아쉬워하기 때문이다.
하지만 내 꿈의 현실에서는 둘 다 선택할 수 없다. 뭔가 하나를 선택하면 또 무엇인가는 분명히 포기해야 한다. 붕어는 나가는 것을 선택했고, 나는 그냥 머물러 있는 것을 선택했다. 사람들은 태어날 때부터 그런 성향을 지니고 태어나서 쉽게 뛰쳐나가는 사람도 있고, 나처럼 머물러 있는 사람도 있을 것이다. 어떤 것이 좋고 나쁘고 가리기 이전에 그저 스스로 선택한 부분에서 잘 살았으면 하고 바랄 뿐이겠지.

하지만 이즈음엔 와인 잔을 깨고 바깥으로 나간 붕어의 모습이 자꾸 아른거린다. 뭔가 새로운 것, 새로운 느낌, 새로운 경험, 새로운 상황은 지금 익숙한 그 틀을 벗어나면서부터 시작되지 않을까라는 생각이 자꾸 든다. 그래서 붕어가 부럽다, 요즈음엔.

그대, 함께 가자

-

그대
회색빛 겨울로 가자
장롱 제일 깊은 곳의 해묵은 털옷을 꺼내 입고, 초록빛 털모자도
청자 한 갑, 소주 반병, 새우깡 한 봉지도 들고서
옷 벗은 가로수 밑으로 내 뺨을 후리는 바람과 함께
거기
겨울로 가자
보도블록 위 껌딱지 마냥
한구석에 박혀 푸석한 사람들도 보고

03
-
꽃이
지네

눈물같이

-
**미처
부르지
못한
노래**

> **꿈에서라 볼 수 없는
> 세상을 노래로 본다.**

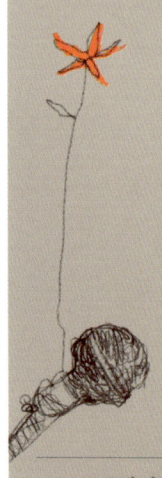

- PART Ⅲ에 실린 글들은 김광석이 악보에 남긴 노랫말들을 정리한 것이다. 코드 진행, 음표와 함께 남겨졌지만 아직까지 불리지 못한 노래들이다. 우리는 앞으로도 영원히 이 노래들을 들을 수 없다. 하지만 그가 직접 쓴 노랫말들은 여기 이렇게 남아 우리의 마음속에서 영원히 불릴 것이다.

부르지 못한 다섯 번째 노래들

5집●

1. 니가 먼저
2. 닭 쫓던 개
3. 아내에게
4. 빗속에서
5.
6.
7.
8.
9.
10.

사랑을 찾아 헤매는 사람들

● 김광석은 다섯 번째 앨범을 준비하는 도중 우리 곁을 떠났다. 그의 노트엔 다섯 번째 앨범을 만들기 위한 메모들이 남아 있다. 이것은 김광석이 직접 구상한 5집의 메모이다. 4곡은 정해져 있고, 나머지는 이후 악보에 쓰인 노래들 중 채워졌을 것이다. 이 장에선 그의 메모들을 가감 없이 남기려 한다. 노랫말을 고민했던 끝호, 쓰고 지웠던 흔적마저 우리에겐 하나의 시(詩)가 될 수 있으리라 생각되므로.

고운 불빛으로 밤을 장식하듯
머리를 세우고(빗고)
오늘은 또 어디로 떠나는가

사랑하기 위하여

1

햇살이 바늘처럼 따가운 오후
나는 파란 하늘 벗 삼아 걷고 있었지
세상은 느낌 없는 시계처럼
그저 걷고 있는 나와 사람들처럼
모두 스쳐 스쳐만 갔지

2

말들은 무성하고 귀는 없는데
모두 한마디씩 외치며 손을 들었지
먼지만 가득한 강의실엔
아직 행동하지 못하는 생각들만이
오래 남아 서성이고 있었지(서성거렸지)

3

운동장 한구석에 웅크려 앉아
지는 해를 바라보며 생각했었지
마른나무 가지에 걸린 해를 바라보면서

사람들은 누구에게 무얼 바라
그저 한결같이 밀려가고 밀려오는지
이 세상 모두가 사는데

4

뜨겁게 타오르는 태양을 보며
나는 사랑하기 위하여 일어서야지
모두다 소중히 태어나서
아름답게 살아야 할 필연을 위해
사랑해야지

우리가 살아 살아가는 이 세상
모두가 하나 하나됨을 위하여
서로가 사랑 사랑하기 위하여
일어서야 한다 손을 들어야 한다

무제 1
–

혼자 누운 (내) 방 안이 쓸쓸해서
창가에 서성이는 햇살도 외롭게 보여
꽃을 사러 꽃방을 찾아갔지

안개꽃은 더욱 외롭고
가배는 신사처럼 굳어서
장미는 저 혼자서도 외롭지 않아서

세상에 꽃들은 모두가
저마다 자랑스레 얼굴을 세우고 있네
사람들도 꽃처럼 그렇겠지•

나는
어두워지는 하늘을 보니
오늘 또 하루는 스쳐 지나가고

• 김광석이 X 표시를 한 부분이다.

어제의 다짐 모든 꿈들을
다시 또 새기며 나를 돌아보네

쉽지 않은 만남과 만남 사이에
기쁨과 눈물을 간직한 채로

다시 또 너와 나를 만나고
시대가 그렇다고 사람이 그렇다고 하며
앉아 있지

무제 2
-

Trk. CH. No. (악기)

A 마음이 답답해서 하늘을 보아요
누군가 그리워져 창문을 열어요

A' 바람이 불어와서 머리를 날리고
조그만 내 방 안에 노래가 흘러요

아주 바삐 뛰어다니던 내 옷을 접으며
아무 의미 없이 지나간 하루를 생각해
난 하늘에 날으는 새처럼 푸른 꿈을 꾸고 싶어
난 저 멀리 피어난 꽃처럼 물빛 향기 흩날리며
난 말없이 흐르는 강처럼 깊은 사랑 담고 싶어

밤길을 걸으면

말없이 고갤 숙이고
밤길을 걸으면
희뿌연 밤안개 속에 철 이른 겨울비
아른거리는 불빛은 멀리 있는데
뛰어논 걸음걸음마다 고인 빗물은
지난 일들을 얘기한다

말없이 고갤 숙이고
밤길을 걸으면
눈물 속에 흩어지는 지난 얘기

(귓가에 맴도는 그대 웃음소린 멀리 있는데)
일렁이는 촛불은 꺼져 가는데
뛰어논 걸음걸음마다 고인 빗물은
지난 일들을 얘기한다

무제 3

1

달 밝은 가을밤에 기러기들이
찬 서리 맞으면서 어디로들 가나요
고단한 날개 쉬어 가라고
갈대들이 손을 저어 기러기를 부르네

2

산 넘고 물을 건너 머나먼 길을
훨훨 날아 우리 땅을 다시 찾아왔어요
기러기들이 살러 가는 곳
달아달아 밝은 달아 너는 알고 있겠지

무제 4

—

무엇이든 할 수 있어 동전만 있으면
어렸을 적 꿈을 꾸던 그 모든 것들이
아저씨 한 푼만 주~ 주웁쇼
한 번도 아니고 두 번도 아니지 여보게 미스 박 사발면 어때
그러면 세 번 세 번도 아니지 여보게 친구 밀크커피 어때
골백번 더해도 동전만 있으면 문제도 아니지 동전만 있으면
원하는 건 모두 동전만 있으면 원하는 건 모두 동전만 있으면
무엇이든 할 수 있어 동전만 있으면
도망이가 따로 있나 동전이 도망이지
어렸을 적 꿈을 꾸던 그 모든 것들을
밤하늘에 반짝이는 별들도 뚝딱
사람들이 굴러가 동전 따라 굴러가

무제 5

−

사랑은 그렇게 잊고 사는 것
말할 수 없는 게 너무 많았어
너무도 많은 말에 우리는 지쳐
말할 수 없는 게 너무도 많았어
헤어나지 못할 사람들 속에 묻혀
우리도 그렇게 잊고 사는 것
하늘을 볼 수 없이 나는 부끄러워
너무도 모자라
아 아 가고 싶어
아 아 끝이 없는
아 아 내 꿈을 찾아

마음을 모두 비워도 보이는 건
-

앙상한 나뭇가지 사이사이로 바람은 나뭇가지 사이사이로
긴 겨울 여린 햇살 사이사이로 끝없는 긴 다리 사이사이로
마음속 깊은 곳에 아직도 남아 끝없이 흐르는 외로움은 거두고
이제는 말을 해야지 말을 해야지 가릴 것 하나 없이 말을 해야지

만남과 헤어짐의 사이사이로 바람은 긴 머릿결 사이사이로
졸린 봄 파란 햇살 사이사이로 어지런 꽃바람 사이사이로
세상은 모두 하나 숨 쉬고 있어 끝없이 흐르는 사랑으로 보듬고
이제는 말을 해야지 말을 해야지 가릴 것 하나 없이 말을 해야지

무제 6

-

아주 오래전 얘기처럼 아련한 기억들이 남아 있어
무척 많은 걸 얘기하고 경험한 기분 좋은 일들 말야

문득 많은 게 생각나는 오늘은 왠지 모를 외로움이
내가 깨닫지 못한 것은 장난과 삶 삶과 장난일 뿐

고양이 눈꺼풀 같은 겨울 햇살에 더욱더 길어진 내 그림자
앙상한 나뭇가지 위로 겨울바람은 사라진 기억을 찾고 있어

아, 달빛처럼 곱게 흐르던 너의 머릿결
나, 우리처럼 맑게 빛나던 너의 눈길을

쉽게 살자던 너의 얘긴 인생을 알지 못한 말이었지
세상 모든 것 쉽지 않은 얘기로 난 더더욱 외롭고

창밖으론 어느새 별빛들이 이슬처럼 매달리고
문을 닫으며 안녕 하는 당신의 뒷모습엔 짙은 어두움

밤거리엔 눈물처럼 반짝이는 자동차의 불빛들
또 그리움을 등지고 돌아선 난 너에게 할 말을 찾았지

지금은
-

지금은 아무 말 할 수 없어요
지금은 아무 말없이 걸어요
눈 감으면 지난 바람
사무치도록 아쉬웁지만
지금은 아무 말 할 수 없어요
지금은 아무 말없이 그저 걸어요

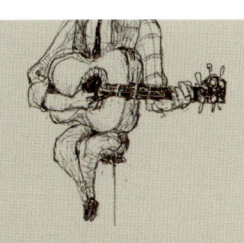

별빛 찬란한
쓸쓸한 나뭇가지 위로

어릴 적 보고팠던
이내
작은 노래를 부르리

무제 7

아! 재미있어 골목길 철호네 담벼락
아! 재미있어 하늘도 푸른 강도 모두 다
철호네 빨간 담 위에 그려봐
동네 아이들이 모두 모여 그림 놀이

날 사랑했다면

—

떠나버린 널 깨닫기엔 하늘이 너무 맑아
우리에게 필요한 건 시간일 뿐
영화 속의 사랑 얘기도 힘든 순간이 있어
우린 다시 웃을 거야
영화 속의 주인공처럼 네가 택한 길이
언제나 너의 건 아니야
아직은 아무런 말도 하지 말아줘
우, 날 사랑했다면

떠나버린 널 깨닫기엔 하늘이 너무 맑아
우리에게 필요한 건 시간일 뿐
영화 속의 사랑 얘기도 힘든 순간이 있어
우린 다시 웃을 거야
영화 속의 주인공처럼 네가 택한 길이
언제나 너의 건 아니야
아직은 아무런 말도 하지 말아줘

날 다시 한 번만 바라봐

나에게 다가올 시간이 날 더욱더 슬퍼지게만 해
예전의 밝은 미소를 내게 보여줘
우, 날 사랑했다면

무제 8
-

언제나 꿈처럼 다가왔다 사라져가는 것을
더할 그 무엇이 있길래 이리도 마음 설레나
돌아선 그 모습 밤하늘에 바람처럼(별들처럼) 맴돌고
느낌 그 무엇이 있길래 이렇게 마음 설레나

해맑은 저녁 햇살은 내겐 언제나 그리워요
산마루 올라 천천히 그 빛 받는다면
눈부신 저녁 햇살은
물드는 저녁 햇살은
어딜 갔을까

슬픈 내 얼굴에 목이 메어
네가 떠난 이 산마루에
나 혼자 있어도 부르리라
이 노래를 부르리라

흐린 가을

우리는 어쩌면
뒤돌아보면 보일 것 같은 그 눈길
바람에 흩어져 눈으로 내리는가
저 언덕 위로 무심한 구름
세월은 이렇게 잊으며 살아가는 것인가
지나간 모든 추억은 바람
부풀던 마음은 익숙한 외로움으로 굳어
사랑은 가고 애꿎은 정은 마음에
가슴이 메어와 눈물은 흐르는데
그래 우리는 어쩌면 저 하늘의 구름처럼
슬픔들을 모아다가 빗물로 씻어도 좋겠다
그래 우리는 어쩌면 (흩어지는) 늦가을의 낙엽처럼
그래 우리는 어쩌면 저문 하늘 구름처럼
슬픔들을 모았다가 얼굴 붉히며 돌아서

무제 10
-

달빛이 꽃처럼 핀다
바람은 불어와 저기
김 오르는 난롯가 앉아
하얀 밤 찬바람 같은 눈길들
달빛이 꽃처럼 내리는 들녘에
우리는 보듬고 떠나는 길 위에
새벽이 넘실거리는 강가 나무숲
달빛만 꽃처럼 내리는 들녘에

찬비가 흩날리는 밤 난 너의 창가를 찾았지
희미한 가로등불 아래 난 담배 연기를 뿜었지
네 창가에 드리워진 커튼은 너무 두꺼워
네 모습은 보이질 않아 난 긴 한숨을 내쉰다

아주 오래전부터 저기 산 위에 홀로 선 나무 한 그루
난 그렇게 살고 싶은데

무제 11

-

아무리 심하게 어려워도 괜찮아
별 하나 나뭇잎 먹으면 힘이 솟아나네
그럼 수퍼 마리오 그럼 수퍼 마리오
그래 우, 정말 그래
평화를 위해 정의를 위해 힘쓰는 마리오

내 꿈
―

사랑은 그렇지
말할 수 없는 게
너무도 많은 말에
하늘을 볼 수 없어
아
아
아 보고 싶어
아 끝이 없는
아 내 꿈들은

사랑일기

—

피곤한 얼굴로 돌아오는 나그네의 지친 어깨 위에
시장 어귀에 엄마 품에서 잠든 아가의 마른 이마 위에
공원 길에서 돌아오시는 내 아버지의 주름진 황혼 위에
가고 오지 않는 아름다움의 이름을 부르는 사람들에게

마음의 이야기

―

우연히 전해 들었던 그대의 소식에 잠을 이루지 못했죠
아직 잊지 못했다면 한번쯤 만나보라던 친구의 이야기를 생각했죠
어둠을 가로지르며 내리는 빗속을 한참 동안 서성이다
비에 젖은 내 모습이 비쳐진 거울 앞에서 부질없는 일이라 말했죠
하지만 그토록 오랫동안 간직해온 내 마음의 이야기들을
언어의 유희일 뿐이라 해도 그대에게 들려주고 싶어
그대를 잊지 못하는 내가 미워졌던 그런 날들도 때론 있었지만
그대를 사랑했었던 나의 마음은 아직도 변함없다는 것을

우리가 항상 만났던 그곳의 찻집은 이젠 보이지 않았죠
어색하게 움츠린 채 두리번거린 후에야 그대 모습을 볼 수 있었죠

무제 12

창문을 열면 시원한 바람처럼
때론 흐린 전등불 밑 혼자 기울이는 술잔처럼
나의 기억에 살아 있는 너 별빛처럼
흐르던 길 위의 네온사인

무제 13

-

때론 싸우며 때론 위로하며
마치 온 세상 하나 가득 둘이서만 지내던 날들
힘겹고 지루한 날들 속에 꽃이 피듯 우리의 사랑이 피던 그날
이마를 맞대고 반찬 값이 얼마고 콩나물 값이 얼마고
아껴가며 살아야지 다짐하며
난 네가 바라듯 순진하질 못해
그저 오늘에 만족하며 바보같이 하루를 살아
난 네게 무엇이든 해주고 싶지만 그저 쉽지 않은 날들을
언젠가 우리들에게 남겨질 수많은 얘기들
나의 아이와 또 그 아이의 아이에게 해줄
그 사랑스런 날들을 함께 만들어보아요

FM은 내 친구
-

바람이 불어와서 그대의 머릿결 날리고
웃음은 하늘에서 부풀은 꿈처럼 물들어
아 행복한 시간 노래하고 싶어요
모두 다함께 노래해요

밤이 내리면
-

시간이 멈춰버린 작은 공간
무수한 시간이 그대로 흐르고
이대로 이 밤을 지키고 싶어
무수한 시간이 그대로 흐르고

무제 14

-

지쳐버린 저녁 비를 맞으며 집으로 돌아가는 길목에서는
이것저것 모든 것 생각이 없고 온통 비에 젖어버리고 싶네
우, 내 귀를 울리는 오, 마음을 울리는 아이들 소리
소리 그 소리 창문 넘어 들어오는 바람 소리에
재잘재잘 들려오는 아이들 소리 장난감을 사달라고 투정하는 소리
(우는 소리)
멀리서 들리는 우는 아이 소리 우, 마음에 울리는 아이들 소리

나무

겨울 산은 텅 비어 있고 나무 꺾이는 소리
오래가지 못하고 내 앞에서 산길들은 모두 꺾어지네
누가 산을 깎아내면 하늘도 깎여지겠지 세게 쿵쿵쿵
겨울 산이 울리네
겨울 산은 텅 비어 있고 나무가 달려가네 어디로 달려가니 나무야
연기를 피해서 자동차 피해서 사람들 피해서 나무가 달려가네

비의 향기

—

빗속에서
이렇게 빗속에서 너를 생각해
왜 너는 비의 향기로 남아
비만 오면 너는 내 곁에 다가오는 건지
맘속 깊은 곳에 두었다가 빗속에서 널 만나고
갠 하늘이 미워져 고갤 떨구지
비를 보며 비를 보며

무제 15

—

언제나 웃음 짓지만 내 것이 아닌 그대의 미소처럼
바람에 날리는 긴 머리 그 향기로움도 이젠
느낄 수 없겠지
그러나 그대 너무 멀리 가지는 말아
더 이상 흘릴 눈물도 마음도 아픔도 원치 않지만
타인이 된 후 어쩌다 한번 마주칠 수 있도록
초라한 모습 내게는 보이지 말아

무제 16

-

일어나라 꿈의 환상은 이불 속에다
아낌없이 깊은 곳으로 묻어버리고
찬란하게 저기 부서지는 햇살 속으로
아무도 모르게 떠나자
야윈 철로를 삼등 완행열차는 달린다
맑은 가슴에 바람은 불어오누나
아! 종착역 내린 바다는 언제나 그리던 따스한 그대의 품이었다오

무제 17

땀 흘려 거둔 음식
함께 나눠요
힘들여 일하려든
많이 들어요
풀잎도 나무도 모여 앉아
함께 들어요
떠가는 구름도 잠시만 쉬고
함께 들어요
땀 흘려 거둔 음식
함께 나눠요
힘들여 일하려든
많이 들어요

무제 18

―

아침 햇살처럼 눈부신 사랑으로 다가온 너
너만으로 행복하였다

아직도 꿈처럼 아득하기만 한데
비 내리는 거리를 그때처럼 걸어보아도 목이 긴 가로등만 울고 있다
한 발 한 발 빗속을 걸으며 돋아난 나뭇잎 사이로
따스한 햇볕은 언제 올까

무제 19

-

그대 떠난 어둔 밤 난 잠 못 이루네
하염없이 흐르던 그대 눈물 때문에
우리 이제 영영 다시 볼 수 없다면
차라리 지나버린 추억 속에 살리라
사랑도 미움도 정다웠던 얘기도
이제는 흩어진 꽃잎이 되었나
하얀 눈이 내려와 나를 감싸듯
그대여 내 곁으로 돌아와

무제 20
-

마주 보면 그저 우리는 행복했지
침묵으로 조용히 스미는 달빛처럼
거울 속에 나는 지쳐버린 외로움
그리움에 힘없이 내리는 빗물처럼

무제 21
-

고개 숙인 내 긴 그림자를 바라보다
돌아서면 멀리

지난 그날 너는 말했지 서로가 가야 할 길이 있다고
마음은
너를 만난 세상
슬픈 우연 속에 사랑은 가로등 밑에 바람처럼 흐르는가
가로등 밑 긴 그림자로 남아
잊히지 않는 그리움은

너를 만난 세상
우연 속에서 잊히지 않는
너의 모습 그리며 우네
긴 세월 흘러간 줄 알았는데
모두 다 잊은 줄 알았는데
이 밤 또 다가와 내 마음을 울려요

꿈처럼 흘러간 줄 알았는데
흔적 모두 다 잊은 줄 알았는데
지나는 가로수 잎새마다 이슬이
눈물처럼 다가와 마음처럼 흘러요

길게 늘어진 커튼 사이로
그대 모습이 얼핏 보여도
어둔 골목길 나는 그 자리에 서서
그대 그림자 바라보고만 있었지
다시 만날 수 없는 그리움이 남아 있어도

무제 22
-

남이 만든 신발에다 발을 맞추고
조금 모자라는 기쁨 속에 미소 지으며
구름 덮인 하늘 넘어 천천히 해가

무제 23

―

무서운 얼굴 하지 말아요
찡그리지 말아요
크게 한숨짓지 말아요
먼 하늘을 바라보면서
어둔 세상 살며 눈물밖에 없지만
그렇다고 울 순 없잖아요
푸른 바람 속에 날려 보내버려요

사랑은
-

사랑은 소리 없이 내리는 빗물같이
조용히 말없이 내 몸에 스며들죠
웃음 짓는 얼굴 그것은 사랑 그것은 봄비 그건 바람
언제나 내리는 따스한 햇살 같은 것

비오는 거리

-

비오는 거리에
웃음 지으며
쓸쓸한 가로등
외로이 울고 있는데
상큼한 미소도 없이
싱그런 웃음도 없이
비오는 거리를 걸어가오
젖은 나뭇잎 보면서
걸어갈 뿐이오

작은 등
-

작은 등 밝혀놓고 어둔 밤 지켜보던 동그란 두 눈의 그 아이
무엇을 생각하니 무엇을 바라보니 어둔 밤 작은 등 외우려던 아이
아, 그러나 이젠 그 아이

어느 노을 진 강가에
-

바람 부는 어느 노을 진 강가에
우린 흩날리는 머릴 쓸며

무제 24

-

이대로 그대를 떠나보낼까 내 마음 안타까워도
이대로 그대를 떠나보낼까
돌아서 보면 지난 모든 일 아름다워요 우,
가로등 불빛은 그대 머리처럼 나뭇잎 사이 사이로

저 먼 곳에는

어둠 속에서 들려오는 그 소리는
항상 내 귀에 아련하고
네 모습은 언제나 그렇게 가까우면서도
손에 잡히지 않는 걸까
난 왜 여기에 서성이나 아무도 오지 않는데
꿈은 어디에 피었을까 내 그리움도

무제 25

-

길게 말할 필요 없어요 그리 복잡한 일이 아니야
긴 밤 혼자 누워 있어 아주 답답한 밤은 깊숙이
쉽게 아주 쉽게 생각해 너를 둘러싼 모든 일들을
잠시 돌아볼 순 있어 흔히 그렇게 다들 하니까
잊힌 말들을 하나하나 되새기며 말더듬이가 되어 가자고
너와 나 모두들 할 말 많아 웃으면서 말더듬이가 되자고
다음에 이다음에 세상이 들뜨도록 얘기할 수 있도록

앙상한 나뭇가지 사이로
바람은 바람 사이로

또 말을 해야지
내 모든 사랑을
또 말을 해야지
내 모든 슬픔을

무제 26

－

오늘 다시 만난 그대는 무척이나 아름다웠죠
사람들은 모두 바쁘게 움직여요 아주 작은 일에도 화를 잘 내죠
남의 일은 모두 우습게 생각해요 크고 높은 일들은 자신 것이죠
어떤 일이든 자기화 해버려요 아름다운 말들은 지난 추억이래요
모두 똑같은 생각만 해야 해요 획일화된 사람을 무척 좋아한대요

무제 27

-

비가 내린 후 늘어선 가로수 잎새마다 반짝이는 물방울들
지나간 어제 수많은 말들을 간직한 채 어지럽게 빛나는데
사람 사람들 무심히 지나는 거리마다 후회 없는 발자욱들
지나는 오늘 수많은 표정을 그려가며 흔들리는 보도블록
아 나는 왜 빈 하늘 뜬구름 보며 홀로 외로이 서 있는 거야
저녁 해 지는 길어진 그림자 골목길에 비를 맞고 우는 아이
다가올 내일 수많은 꿈들을 간직한 채 보고 배워 소리치고

무제 28

오래전 그날처럼 비는 몹시 내렸었고
혼자 걷는 이 길 그대와 함께 걸었지
노을은 금빛으로 우리 사랑 아름답게
이젠 홀로 남아 그대 그리워해야 해
함께했기에 아름답던 시간 이젠 추억에 묻히려네

다시 서는 그때
그리운 시절들 눈 감으면 아련한데
마음속 그 자리 다시 가면 사라졌네
어색한 눈빛들 아는 사람 하나 없고

실
-

쌀쌀한 날씨 탓이겠지 뜨개질하는 아내의 모습이 아름다워
이리저리 꼬여 만들어지는

무제 29

-

한때는 그리움으로 남은 너를 생각해
창틈으로 새어오는 겨울 아침에
멀리 떠나가는 꿈을 꾼 후에 아직 깨어나지 못한 나를 발견해
아주 쉽게 잊으라던 너의 말들은 자신 없는 너의 마음속 혼잣말
저기 떠나가는 구름을 봐 너도 아직 확신이 없어서였겠지
또다시 하루는 나를 찾아와
그리움으로 잊힌 네 모습

무제 30

-

좀 더 이해하는 마음으로 너를 마주하고 싶어
아침 잠에서 깨어나면 들리는 너의 목소리가
마치 고양이 발톱처럼 날카롭게 나를 부르면
아아, 햇살은 방 안 가득 차지하고 나를 비웃고
너의 눈매는 바늘처럼 내 뒷머릴 꼭꼭 찌른다
하품 길게 하고 두 팔 휘저으며 뒤통수를 긁어보지만
내게 아침은 너무 요원하구나
나의 생활은 늘 이렇듯 쑥스럽게 시작되는구나

언젠가
그리움이라 말할 때
사라진 꿈들은
세상 어느 곳에도 없었다

무제 31

-

아주 오래전 얘기처럼 아련한 기억이 남아
무척 많은 얘기하고 경험한 기분 좋은 일들 말이야
많은 게 생각나는 오늘
살자던 인생은 잊지 못한 말
모든 것 쉽지 않은

익숙해진 무감각 속을 인정하면서 살아가지
빛나던 눈 뜨겁던 맘 내 가슴엔 살아 있어
세상은 늘 변함없다 우리 가슴을 열어야지
오늘 하루는 어제보다는 나을 것 같다고 생각하지만
오늘도 역시 그대로인걸, 다를 게 없다고 그저 인정하시
모두가 내게서 시작된 일이지
그저 인정하고 말하지 못하고 후회하며 살지
열심히 살고 보람도 있고 진정한 행복을 모두 찾았으면
행복의 문은 어디에 있나 자신의 노력에 달려 있는 거야

사랑해요

내 살다 지쳐 떠나가면
달빛 사이로 불어오는
지쳐버린 내 사랑
구름 덮인 저 하늘
그대 떠나며 남긴 말도 이젠
작은 내 입술 떨리며 사랑해요

저 하늘 멀리 피어나던
새하얀 그대 얼굴 위로
지쳐버린 내 사랑
구름 덮인 저 하늘
그대 떠나며 남긴 말도 이젠
작은 내 입술 떨리며 사랑해요 그대를
슬픈 옛 얘기 잊고서 사랑해요
모두 다 사랑해요 온 세상을 사랑해요 사랑해요 사랑해요

너
-

그리운 너 이젠 어느 하늘 아래 너의 향기도 아름다운지
변함없이 무감한 하루에 지쳐버린 난 너를 생각해
너의 맑은 눈빛이 내게 말해주던 그날 나를 사랑한다고
나의 어리석음이 너를 떠나가게 한 후
이젠 다시 돌아올 수 없는 너이지만
나는 잊을 수 없어 너를 잊을 수 없어
아름다운 너의 모습을 잊을 수 없어
너를 잊을 수 없어 다시 너를 사랑하고 싶어져

시간 속에 묻혀 사는 우리들은 누구인가
저 하늘의 구름 가듯 우리들도 흘러간다
아, 안일함이 화려함이 너와 나를 유혹해도
눈을 들어 하늘을 보며 푸르름을 잃지 말고 가자
우리는 너무도 젊다
어떤 시련도 와라
우리들 가슴은 뜨겁다

모든 어둠은 가라 가라 가라

하루를 보내고
다시
사랑할 수 있을까

내 맘속에
그 무엇이
나를 누르고 있다
생각할수록

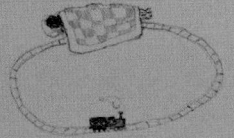

무제 32
-

지금 나의 가을은 끝났네
마지막 낙엽이 떨어졌네
찬바람에 외투깃 올리고
지는 사랑을 보았네

지난 낡은 의자의 찻집에
마주 앉았던 속삭임
식은 찻잔에 담기어
지난 얘기로 변했네

그때 낙엽 밟으며 걸었던
노을 진 거리에 서 있네
함께 부르던 휘파람
코스모스도 피었네

지금 나의 가을은 끝났네
그대 내 곁을 떠나갔네
한 번 새겼던 사랑은
마지막 가을이 되었네

드라이플라워

－

아슬하게 넘어선 어제저녁
꽃도 말라버려
그대 기억하는가
한숨 어린 강가
물안개 피어도
피 어린 모기만 모여드는 것을
머물 곳이 하나 없다고 느껴지던
이 땅에
친구들은 나의
실연失戀에 가슴 아팠을까
아무도 동정同情하지 않는 표정表情으로 하루를 살면
멍든 입김은
먼지 쌓인 거리에 흩어져
이제
돌아가지 않으리라
때 되면 다시 피어날
그대
마른 꽃이여

모두가

-

비 내리는 아파트 모퉁이 놀이터
젖은 머리 흔들며 뛰노는 아이들
내 어릴 적 담 높은 과수원 개울가
발가벗은 새까만 까까머리 아이들
맑은 물속 그 속에 등 굽은 금붕어
파란 하늘 그 위로 치솟은 굴뚝에
재투성이 비둘기
밝은 미래 빛나는 세상은 꿈일 뿐

새벽 창가에 스미는 냄새는
새나는 새하얀 안개냐 연기냐
새벽하늘 짙게 깔린 하얀 연기들

무제 33
-

흐르는 강물을 자른다 하여 물이 흐르지 않더냐
푸르른 하늘을 가른다 하여 새가 날지 못하더냐
보아라 반만년 굽이쳐 흐른 푸른 산천의 꿈
진달래 무궁화 어우러진 우리 강산의 꿈
남이나 북이나 한겨레 자매 하나 하나 아니더냐

백두산 한라산
통일의 이름으로 하나의 깃발 눈부신 하늘로 날리며
진달래 무궁화 어우러진 산천에
아리랑 아리랑 한민족의 꿈으로
목놓아 부르리 그리운 이름 통일
통일의 이름으로 하나의 깃발을 올리리니
무궁화 진달래 어우러진 산천의 꿈 통일

한때는 나도

—

한때는 나도 잘나가던 사람이었다 하하
매일매일 약속이 너무 많았다 그땐
나 없으면 모두들 재미없다고 그랬다
그러나 이제는 나 홀로 시계추 같은 날들
나 대신 개그맨이 웃겨주고 세상에는
나 없어도 재미있는 일들이 너무 많아
하지만 한때는 나도 잘나가던 사람

하늘만 쳐다보며
—

잠시만 옆을 봐요 나만이 아닌 우리잖아요
함께할 수 있는 세상 아름답잖아요
손을 내밀어 그들과 함께해요
우리의 일이잖아요
할 수 있잖아요
당신의 조그만 관심이
세상을 사랑으로 물들게 해요
맞아, 고갤 들어요 맞아, 함께 봐요
맞아, 하늘을 봐요 맞아

한때 세상의 모든 의도적인 것들이
세상을 망친다고 생각했지
지금도 생각해보면 그런 것들도 있긴 있지
자유로움이 주는 자유를 뭐라 해야 할지
당신은 알아?
세상의 모든 것이 내 것처럼 보이는 때
그때를 말이야

돌아보면 높은 산 꽃망울 나를 울리고
힘에 겨워 고개 숙인 내 앞에 바람 흔들고
내가 나인지도 모르고 하늘만 탓하지
내가 나인지도 모르고 모르고 모르고

산허리 돌면 푸른 숲 굽이쳐 나를 부르고
시냇가에 구르던 돌처럼 나도 구르고
내가 나인지도 모르고 굽은 길만 탓했지
내가 나인지도 모르고 모르고 모르고

에필로그

―

어둔 날들을 아득히 지새워 가며 어느 순간 멀어져 간 널 생각했다.
내 그리움은 먼 기억처럼 막연한 것이었지만
불꽃처럼 조금씩 흔들리며 타오르기도 했었지.
또 어느 날은 까무룩 꿈속에 빠져들어
너를 찾아 헤매다가
숨 막히는 쫓김 때문에 슬픈 잠에서
깨어나기도 했었다.
일어나보면 문득문득 오선지 위에
너의 모습이 온음표처럼 편안히 아로새겨져 있었고
새벽별은 조용히 창가에 부서지고 있었다.
난 촘촘한 별을 세며
사르륵사르륵 다가오는 너를 그려보기도 했다.
그럴 때면 지나온 어둔 날들과 부대끼며 살아온
내 삶의 끝자락을 되돌아보기도 했다.

그러나 세상은 늘 앞만 보고 기다리며 살아야 하는 것.
너와의 만남을 위해 긴 터널 같은 어둠을 빠져나왔고
오늘 이곳에서 막이 오르기를
그리고, 너를 만날 수 있기를 간절히 기도한다.

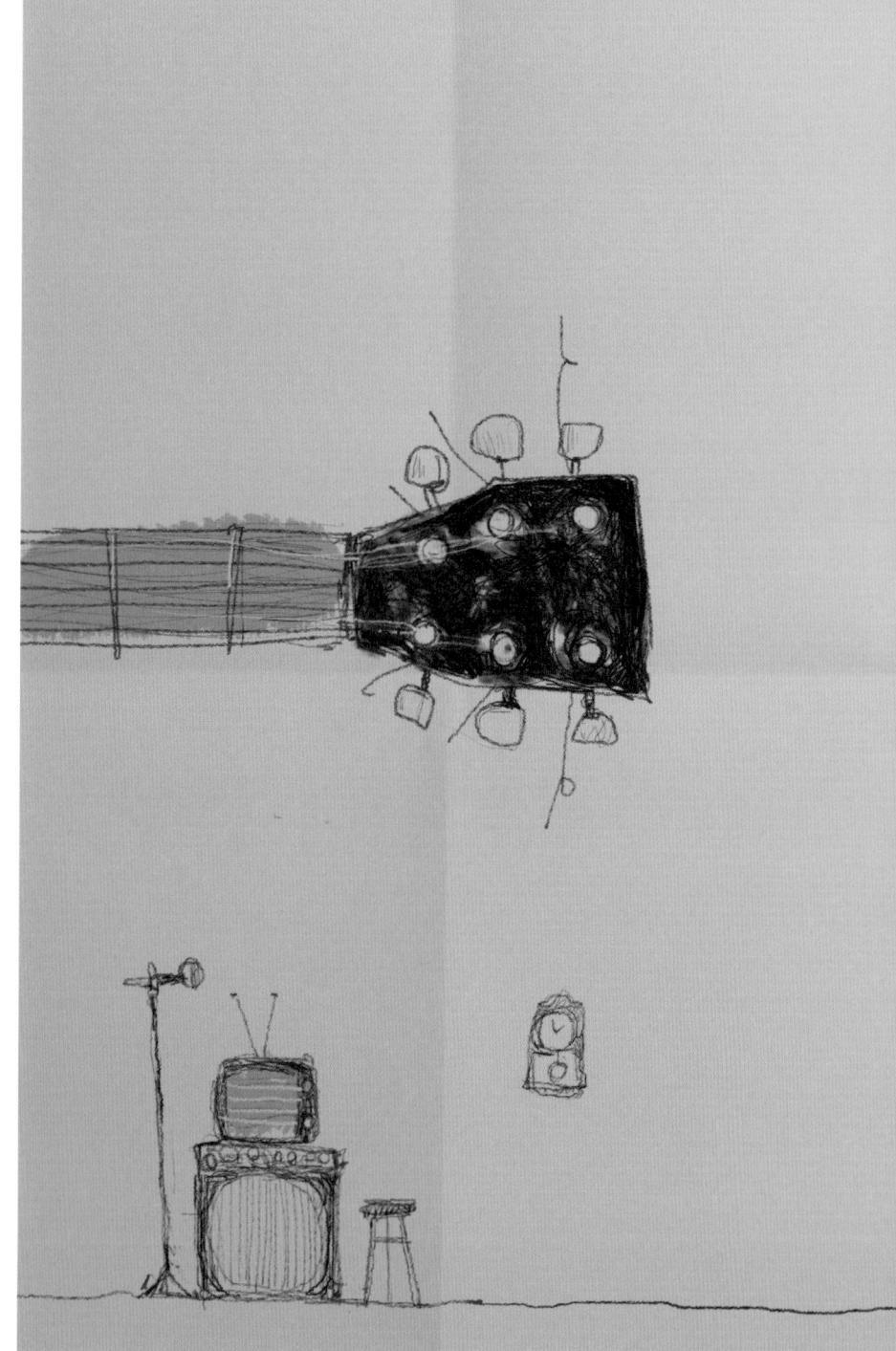

부록
-
다시 부르는

김광석
-

여기에 실린 노랫말은
곡을 붙여 발표하기로 했으나
현재 미완의 단계에 있다.
하루빨리 아름다운 노래가 되어
불릴 수 있기를 기대한다.

광석이네 카페
-

긴 계단 힘겹게 오르면
뿌옇게 오른 그 안경엔
내일의 헤어짐이 슬퍼서 눈물짓누나

헤어짐과 만남이 세상의 일이라 더 큰 만남 위해
슬픔과 눈물을 여기에 모아 눈부신 헤어짐에

한구석 졸리운 눈으로
덜컹대는 창문을 바라보면
지나는 하루가 머물라며 울다가누나

긴 계단 힘겹게 오르면
낯익은 얼굴 얼굴들이
한겨울 바람을 맞았구나
여기들 모였구나

하얀 크리스마스

―

하얀 눈이 내려오네
눈 내리는 하얀 크리스마스
오늘 밤엔 그대 생각나
그 거리를 다시 걷네

손잡고 함께 걷던
그날 밤이 생각나네

하얀 눈이 내려오네
눈 내리는 하얀 크리스마스

마음속의 무지개
-

우리가 어렸을 적엔 볼 수 있었을 거예요
희망을 가르쳐주던 마음속의 무지개
언젠가 커가던 중에 잃어버렸을 거예요
수학을 영어를 세상살이를 배우던 어디선가

이젠 어른이 된 우리의 회색빛 하루하루
희망을 잃은 흐려진 눈빛으로 살아가고 있지만

다시 어린아이의 눈빛 되어 그 무지갤 찾는다면
우린 평범함 속에서 새로움을 찾을 수가 있어요
다시 어린아이의 눈빛 되어 그 무지갤 찾는다면
그땐 잃었던 우리의 꿈들을 찾을 수가 있어요
그래요

친구와 함께 나누던 우리만의 비밀 얘기
서로를 다독여주던 마음속의 무지개
독서실 옥상에 모여 환히 빛나는 별빛에
이 세상 끝까지 함께하자던 모두들 그 어디에

다시 돌아온 그대
-

예감하지 못했던 그대와의 이별이 남겨준 아픔
익숙해지지 않던 외로움에 어렵게 지샌 밤들
언제나 그리움은 밀려오는 파도 되어
내 마음 흠뻑 적셔놓곤 했었죠

사람들이 말하듯 아픔들은 시간에 씻겨져 가고
또 짧은 만남, 쉬운 헤어짐이 낯설진 않지만
이렇게 그대 내게 돌아오리란 믿음을
내 마음 깊은 곳에 간직했었죠

하지만 그대 나를 떠나야 했던 이율 알고 싶진 않아
다시 이렇게 내 곁에 숨 쉬고 있으니
나의 사랑은 영원히 그대의 것이니
우리 이젠 헤어지지 마요

어느새 그댄 내게 사랑이란 이름으로
참았던 눈물 속에 다시 서 있죠

신속배달
—

내가 알 수 있다면 느낄 수 있다면
어서 빨리 내게 다가와
내가 알 수 있다면 간직할 수 있다면
어서 빨리 내게 다가와
생각 없이 걷던 그날
벽에 붙어 있는 신속배달이란 선전을 보았어
지나치던 아이들이 아주 작은 소리로
그들만이 아는 비밀을 말할 때

문득 떠오르는 생각, 그 우스운 이야기는
내가 찾고 있던 희망이 날 찾아오는 것
문득 떠오르는 생각, 잊고 살았던 이야기는
내가 찾고 있던 사랑이 날 찾아오는 것

내가 알 수 있다면 느낄 수 있다면
어서 빨리 내게 다가와
내가 알 수 있다면 간직할 수 있다면
어서 빨리 내게 다가와

비오는 거리

비오는 거리를 웃음 지으며
쓸쓸한 가로등 외로이 울고 있는데

비오는 거리에 비를 보면서
상큼한 미소도 없이
싱그런 눈길도 없이
비오는 거리를 걸어갈 뿐이오

비오는 거리를 웃음 지으며
지나는 자동차 울며 달려가는데

김영식 에세이
미처 다 하지 못한

초판 1쇄 발행 2013년 12월 10일 초판 8쇄 발행 2025년 8월 25일

지은이 김영식
펴낸이 최순영

출판1 본부장 한수미
라이프 팀장 곽지영
디자인 이세호
일러스트 유은

펴낸곳 ㈜위즈덤하우스 출판등록 2000년 5월 23일 제13-1071호
주소 서울특별시 마포구 양화로 19 합정오피스빌딩 17층
전화 02) 2179-5600 홈페이지 www.wisdomhouse.co.kr

ⓒ 김영식, 윤승철저

ISBN 978-89-5913-773-2 03810

- 이 책의 전부 또는 일부 내용을 재사용하려면 반드시 사전에 지지러자와
㈜위즈덤하우스의 동의를 받아야 합니다.
- 인지·제작 및 유통상의 파손 도서는 구입하신 서점에서 바꿔드립니다.
- 책값은 뒤표지에 있습니다.

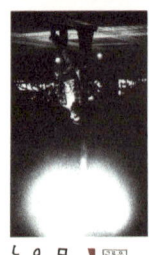
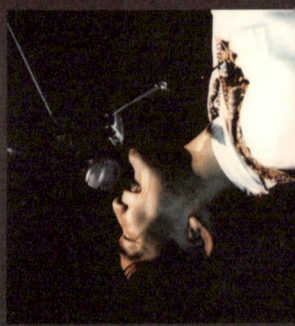